新装版

体罰の社会史

江森一郎

新曜社

はしがき

最近の総理府による「人権擁護に関する世論調査」(一九八八年十二月三日)で、教師による学校での体罰について、人権侵害にならないとする人が三割以上もおり、「法務省と文部省は体罰を容認する人が予想以上に多いことに驚いて」いると、報じられた(朝日新聞、同四日付け)。他方、八七年度中に体罰がらみで処分を受けた教師は三一一人に達し、件数で二〇二件もあり、前年度比一七パーセントの伸び率であるという。体罰禁止を明言している学校教育法第十一条の空洞化は、いよいよ進みつつある。こういう時期に本書を出版することが、意義あることであってほしい。

そもそも、「体罰史」という観点から日本の歴史を大観してみたら面白い結果が出てくるのではなかろうか、と思いついたのは、悪名高い「戸塚ヨットスクール」の体罰死事件が、連日新聞紙上を賑わせていた一九八三年の春のことだった。戸塚氏は、その年の秋に獄中から出版した著書『私はこの子たちを救いたい』（光文社）の中で「日本の歴史が二千年あるとしても、体罰を否定しているのは、最近の三十年間だけで、あとの千九百七十年間は、肯定されているのである」（同書、二三ページ）と言っていたが、私の結論は正反対に近い。ともあれ、月日の経つのは早いもので、それから五年以上が経過してしまった。

この書は、一九八三年の秋に教育史学会で報告した内容を、翌八四年に「江戸時代の体罰観・研究序説」（『日本の教育史学』二七巻）として発表したものをもとにしている。しかし、それ以降調べえたことも多く、構想を新たに書き下したものである。（ただし、第二部の二章の前半は、小林登ほか編『新しい子ども学 3 子どもとは』〔海鳴社、一九八六年〕に寄稿したものの一部に、加筆・修正を行ったものである。）

「四苦八苦」しながら、時には新史料の発見にワクワクしながら筆を執ってきた過程で、私が特に意識してきたことは次のような点である。

(1) 歴史研究も、結局は現代への関心・批判であるべきであり、叙述の中にその観点をできるだけ鮮明にすること。

(2) 一般的読みものの形をとりながらも、なるべく出典・関連領域の先行研究を明らかにし、研究書としての水準も維持する。

(3) 主題（体罰史）に関係するテーマにできるだけ広く取り組み、世界史も視野に入れて叙述してみること。

(4) 日本の体罰史自体が、おそらく今まで誰にも取り組まれてこなかっただけに、史実の豊富な紹介という点にも力を入れたこと。

(5) 本書の中心となる江戸期の文章などは一般にはなじみにくいと思われるので、ほとんどを口語訳にした。またわかりにくいと思われる用語も、引用文中にカッコ付きで解説を入れた。また、図版を多く挿入して、固さを少しでも柔らげた。

本書は、体罰史という角度から日本の社会を考え、そのみかたの一仮説を提示したつもりである。私自身は一応体罰否定論者であり、体罰を実行したこともない。しかし、どんな場合にも体罰がいけないか、と言われれば、明確な解答はできにくい。石川達三の『人間の壁』に出てきた沢田先生のような事例を想い出すからである。ただ、ここではそういうレベルのことを問題としているのではなく、体罰を容認したり否認したりする社会的雰囲気を、その背景となる社会の実情や価値観との関連で把握することを問題にしているのである。

しかしながら、日々の教育実践の中で、その拠り所を求めて苦しんでいる教師たちや、もう一方で、「学校化社会」の中にはめ込まれて呻《うめ》いている学生・生徒諸君やその父母たちにとって、ややも迂遠なテーマと思われるのももっともなこととも思える。五年間の高校教師体験のある筆者には、その気持がよくわかるつもりである。にもかかわらず、そういう心境に大部分の人々を追いやっている状況そのものに問題があり、そのことを解き明かそうとしたこういう本を、やはりより多くの人に読んでもらいたい、というのが著者としての偽らざる心境である。歴史的に考えるということの意外な面白さ、大切さに共感していただければ、こんなに嬉しいことはない。

体罰の社会史

目　次

装幀・気流舎図案室

I

体罰の思想史

1　原始・古代、中世の体罰

1　原始・古代と体罰

原始古代人の心性と体罰観

「聖なるものの中で、あるいは浄められた事物のすぐそばで生活しようとする」（M・エリアーデ『聖と俗』）(1) と言われる原始・古代人の心性は、おそらく現代人にはほとんど理解できない質のものだろう。すべてが未知で、未知のものに包囲され、それらに対する不安・恐怖・畏怖で満ちていた彼らの心を実感できるのは、ようやく物心ついた幼児が、大きな物音、未体験のものや他人に極端に脅える様子、すなわち「人見知り」から想像するくらいのことしかできない。

こういう時代の人々に、罰や体罰という考え方があったのかどうか。あったとしても、それは、現代人がイメージするものとは遠く隔たった異質のものであろう。彼らが神聖視したものやタブー視したものをうっかり侵す行為をした者に対しては、今日からみれば過酷な罰を課し、多くは死に至らしめられただろうことは容易に想像できる。しかし、それは他方で、彼らの「聖」や「神性」に対する理解のしかたと表裏し、二〇世紀の「神は死んだ」（ニーチェ）時代に生きるわれわれには、本来的に理解しにくいのではなかろうか。

原始人の教育ということを考える際、私は、(1)出産、育児、(2)生産、生活技術の伝承、(3)イニシエーション（入社式、加入礼などと訳され、今日の成人式がわずかにこの伝統の形骸を留める。）の三つを基本的観点とすることにしている。このうち、人生最大の「通過儀礼」であるイニシエーションが、苛酷な体罰的苦役・試練を中心的内容としていたことが今日では知られている。たとえば、この方面での古典的評価を受けているA・ヘネップ（またはジュネップ）の『通過儀礼』には、笞《むち》打ちについて、「加入礼の中で重要な儀礼になっており」(2)云々とある。わが国の例では、縄文人の遺骨に多い「抜歯《ばっし》」の風習がこれにかかわるものとする説が有力である(3)。

原始的な社会では、笞打ちや抜歯の他にも、重いものを長時間引かせたり、真っ暗な穴蔵に数日閉じ込めたりする。これは、比較宗教学の大家エリアーデによれば、非日常的な試練を与え、多くは一時的な昏睡状態を体験させ、再生した後、聖なる集団の正式な構成員として認めるという文化構造になっているからであるという。したがって、すでにお気づきのことと思うが、最大級の苛酷な罰のような形をとるものの、こういう試練は、一種のテストすなわち一時期に集中された教育であったとしても、罰とか体罰とかとは異質であると言えよう。

ほとんど裸同然の衣服と裸足《はだし》で山野を駆けめぐっていたであろう縄文人（や弥生人）は、今日のわれわれの想像を絶するほど、その皮膚も厚かったのだろう。彼らの子どもも同様であったろう。（中世の絵巻物に登場する子どもは裸で抱かれており、戦前まで、田舎では子どもをかなりの期間裸にしておくことが多かった。）おそらく、現代人よりは動物の方に近い強い皮膚を持っていた彼らにとっては、親の苛立ちや粗暴さによる多少の小突き、あるいは蹴ったりする行為も、それがどの程度行われたものなのかわからないが、自然的親子関係の結びつきの強さと皮膚自体の強さから、大した怨みの対象にもならなかったのかも知れない。今日では粗野とされる行動形態が、粗野とも意識されずに日々行われていた時代であったろうから、罰も体罰も、あるいは単なる勧誘のしぐさも、かれらの意識のうちでは未分化の部分が多かったのではな

若者の苦行

背の肉に棒をつらぬき，その一端に重い野牛の頭骨3個をつけた二筋の縄を結びつけ，引きずって山坂を登る裸の青年。傷口からは血が流れている（北米インデアンの風俗画家として知られているI.H.シャープの作。アメリカ合衆国サンタ・フエ市，ニューメキシコ博物館蔵〔三品彰英『朝鮮古代研究』より〕）。

かろうか。

古代国家の体罰

奈良・平安時代となると、体罰のイメージもやや鮮明になってくる。有名な山上憶良《やまのうえのおくら》(六六〇～七三三)の「貧窮問答歌」(『万葉集』)中に、飢えている民衆を労役に駆り立てる里長《さとおさ》のことを「楚取《しもと》る」と形容している。「楚」とは、古代中国で体罰のために使った〝いばら〟(にんじんぼく)で作られたむちで、これでむち打つことを「楚撻《そたつ》」と言い、後世までよく使われたことばである。当時の里長がやたらに民衆をむち打つことが一般化していたのかどうか不明な点があるが、里長がむちを持つことがあり、そのことを詩歌にうたうことによって人々に共感を呼ぶような事実があったことは間違いなかろう。

奈良時代の後期から創立された官吏養成機関である大学(寮)の規定には、一〇日ごとに行われるテストの落第者に対しては、鞭打ちの罰の規定がある。また、当時は貴族の家庭でさえも、鞭打ちが行われていたと言われる(4)。ただし、大学寮でその規定がどの程度実行に移されたのか、あるいは貴族の家庭でどの程度にどれくらい広く行われていたのかを知りうる史料はほとんど存在しない。しかし、「律」の規定では、祖父母、父母の教えに従わない子どもを殴打して戒めることが許されていた。(ただし、殺してはならない(5)。)すなわち、体罰的風潮が強かった

鞭打たれる子ども（『聖徳太子絵伝』より）

ことは、十分察せられるのである。

最澄の体罰否定

今日知られているわが国最初の体罰否定論者は、天台宗の開祖、伝教大師最澄（七六七〜八二二）である。彼はわが国最初の僧侶教育制度の組織者（『山家学生式《さんげがくしょうしき》』）としても重要な人物だが、その教育思想の一環として体罰を徹底して批判している点で、きわめて注目に値する。

およそ仏子は慈悲をもって心とする。だから、（弟子に対して）もの柔らかに語ってやるべきである。大師（最澄のこと。この文章は、彼の没後に弟子が言い伝えたもの）がありし日、次のように言われた理由はここにある。「我と同法一衆（同志）たる者は、童子を打たない。また、寺の内で刑罰を行ってはならない。もしこの意に従わなければ同志ではない。仏弟子ではない」と。

よってここに今、大師のおことばを記録して後代の者に告げ示すのである。仏法を護ってゆくには、おのおの刑罰することなかれ、手で童子を打つなかれ。違反するものは同志ではない。異類の人という他ない。異類の人とどうして行動を共にできようか。

（『延暦寺禁制式』(6)）

また『勧奨天台宗年分度式』十カ条の第四項で、最澄は自らを次のように述べている。

「我、生まれてよりこのかた、口に粗言なく、手に笞罰《ちばつ》せず。今我が同志、童子を打たずんば、我が大恩となさん。努力せよ。努力せよ」(7)と。『僧尼令』第七条でも、僧尼が「もし酒を飲みて酔乱し、及び人と闘い打たば、各々還俗《げんぞく》（僧を辞め、俗人となること）せしめよ」(8)と述べている。

ここに、江戸時代に一般的となる体罰忌避の感覚の先駆を読みとることができるのである。

2　中世の体罰的雰囲気

中世と身体・人間観

わが国の中世は、島国という地理的要因も大きく作用して、外国勢力のインパクトなしに「日本社会の内在的要因によって起った社会体制の根本的変革の時代」(9)であったという点に、大きな特徴がある。この時代について中世人の身体という観点から、絵巻物を活用しつつ研究を進めている保立《ほたて》道久氏の『中世の愛と従属——絵巻物の中の肉体——』(10)を主に、本書のテーマにかかわる部分を紹介し、考えてみたい。

中世における領主・荘官は、警察・裁判権を一手に収めていたが、その「手先」として犯罪者を使うことがきわめて多かった。また、中世領主・荘官の館にある「厩《うまや》」(馬小屋)はもともと「罪人」を留置・拘禁する場所だった。なにしろ院政期(一〇八六〜一一二一)において武士の棟梁にもっともふさわしい官職は、このような私的牢獄の汚れた仕事を担当する「院厩《いんうまや》別当」であり、厩と武士とは切っても切れない縁があった。したがって、民衆にとっては、領主の家全体が一つの暴力装置、暴力の巣窟であった。それゆえ、「この社会では、……生活の全領域において、人々は半ば動物として、意識をもつ動物的肉体にしか過ぎないものとして関係し合う」と結論づけている。私の要約に省略が多いので、やや論旨がつながらないかも知れないが、氏が引用する『問わず語り』巻五の描くような、「主人公の後深草院二条が宿った備後国の在地領主の家では『男女四五人を具しもて来て、打ち苛《さいな》む有様、目もあてられずという』情景が連日展開していた」(11)という例示などでイメージを補強すれば、当時の社会の実態がずっとわかり易くなってこよう。

こういう殺伐とした時代であったから、「さしたる財産のない一般庶民以下」に対する刑罰として「劓《はなぎり》」刑、「指切り」刑などの肉刑(肉体を傷め、損傷する刑)が多く存在していたことが推定されているのも、もっとものことと思われる。鎌倉時代の「御成敗式目」にも「謀書の罪科」(書類偽造の罰)として、火印(焼印)が規定されている。有名な「紀伊国寂楽領阿氐河庄《あてがわのしょう》上村百姓等言上状」(一二七五)にある「ミミ(耳)ヲキ(切)リ、ハナ(鼻)ヲソ(削)ギ」の解釈自体は、最近の研究では不明の部分が多いとされるが、それはそれとして、体罰の是非どころではない残酷な時代であったことは確かである(12)。

また、中沢厚氏のユニークな労作『つぶて』では、地方によっては戦前まで行われていた石合戦(「印地《いんじ》」)の最盛期が中世であったことが、豊富な史料で例示されている(13)。このように乱暴・乱雑な時代であったから、医学知識の不足や戦乱の時代という状況の中で、多く生み出されざるをえなかった障害者に対する同情・共感などはほとんど存在しない時代でもあった(14)ことは、いわば当然のことかも知れない。ただし、身分制度以前のこの時代にあっては、聖視と賤視、敬視と蔑視が混然あるいは表裏の関係をなしていたということや、この時代の意識を反映する狂言や御伽草紙の中には、障害を宿命であるとしながらも、それを共感的に乗り越えようとする意識も生じていたものもある(15)ことも、忘れてはならないことであろう。

狂言・禅宗と体罰

狂言は、南北朝の動乱期に発生した庶民劇で、中世民衆の生活実態や価値観を伝えてくれる貴重な史料であるが、このうちには、妻子、家来への殴打の場面がしばしば登場する。

「縄綯《なわない》」は、主人の子どもの子守をさせられて面白くない家来が、機嫌のよい子の「裾をまくって太股をぷっつり抓《つね》」り、ワアワア泣かせるという、あまりとり立ててあげつらう必要もないものである。しかし、「富士松」のように、無断長期外出（富士詣のため）により帰宅後扇でたたかれる話（「文蔵《ぶんぞう》」・「茫々頭」も同様な構成）や、「貰聟《もらいむこ》」のように、妻を散々「打擲《ちょうちゃく》」して里へ逃げ帰らせる話、「魚説経」のように、漁師が俄《にわか》坊主になりすますが見破られて扇で打たれる話などなど(16)をみると、私的制裁権の一環として殴ることが広く行われていたことがよくわかる。

後世への影響ということも考えると、もっとも注目されるのは、禅宗の修行においてそれが是認されていることである。とりわけ、坐禅の際の気のゆるみを咎める警策《きょうさく》のことはよく知られていよう。

中国化されたもっとも中国人的な仏教とされる禅宗は、六世紀頃の人、達磨《だるま》によって始められたと言われる。「不立文字《ふりゅうもんじ》」の原則に立ち、坐禅を中心とした日常の生活そのものをすべて重要な修業のプロセスとするこの派では、行住坐臥《ぎょうじゅうざが》のあるべき姿を規範化する傾向も、必然的に生じた。このあるべき規範に従いつつ、自己の内部にある仏性と、心身ともに一体化できるように主体的に修行する（自力主義）のである。しかし、この「悟り」の境地に達するためには艱難《かんなん》辛苦に耐えねばならず、悟りの契機として師から体罰を含めた無理難題、苦痛を課せられることを必要不可欠のこととしていた。「石中に火あり、打たざれば発せず」などと言われ、師弟関係を「啐《そっ》啄《たく》の機」(17)（啐は親鳥が外側からつつくこと。啄はひな鳥が内側からつつくこと）というのは、おそらく、殴るイメージと重なっていたと思われる。この派では「打爺《だや》の拳」と言うことばがあり、悟りにかかわる重要な契機には、弟子が師を殴るということも肯定される場合もあるのである(18)。

禅宗において経典的位置を占める祖師たちの言行録、「語録」類を開いてみると、一喝される場面はもとより、殴られる場面がきわめて多く、その回数も数十回に及ぶことが多いのにはじめて読む者は、びっくりする。特に、臨済宗の祖、臨済（？〜八六七）やその師黄檗《おうばく》の語録（『臨済録』

や『無門関』所収の行状）にそれが著しい。臨済を祖とする臨済宗は栄西（一一四一～一二一五）によって鎌倉時代初期に日本に移入され、黄檗宗は下って江戸時代初期に、隠元（一五九二～一六七三）によってもたらされ、今日まで一定の影響力をもっている。現在の臨済宗においても、「罵声・痛棒の連続」(19)というような行事が生きている。真剣な求道者の集団の中での体罰という問題は、世俗あるいは世俗的学校教育の場での体罰と同次元では論じられないかも知れないが、一歩誤れば、こういう集団が陰惨で粗暴な暴力集団的色彩を帯びることもあったのではないか、と想像される。

しかし他方で、中国禅のうちでも、体罰の抑制を考える方向もでてくる。北宋時代に定められた『禅苑清規《しんぎ》』（一一〇三）には、「子どもの僧の教育は教育方法をよく考え、みだりに鞭捶《べんすい》（むち打ち）を行ってはならない」と規定している。ただし、このあとに「もし懲戒する場合は、庫堂で皆の面前で行い、十数回以上打ってはならない。不慮のことを考え慎むべきである」とある(20)ように、教育論として体罰の抑制を説いているというよりは、死亡やケガなどの事故対策の色彩が強いものである。このことは逆の面から言えば、こういう不慮の事故が多発していたことの反映であろう。（今日の管理的立場にある教育関係者の本音も、こういうところにあるのだ。）

日本の禅宗史上注目されるのは、道元（一二〇〇～五三）がその『知事清規』に、『禅苑清規』のこれらの箇条をそのまま取り入れていることである(21)。道元の中国留学の際の師・如浄は

「衆僧坐禅の時、眠りを警むるに履《くつ》を以って是を打っ」たが、もう一方ではこういう行為を「非」としつつ、それは仏に代わって導く方法であるのだから、「諸兄弟、慈悲をもってこれを許し給え」と言い訳するような人だったという。道元はこの言葉を紹介しつつ、「是《かく》の如き心を以てこそ、衆をも接し（指導し）化（教育）をも宣ぶ（ひろめる）べし」と述べ、「他の人の間違いを見て、いけないと思い、慈悲をもって教化しようと思ったら、相手が腹を立てないように……教え導くべきである」(22)と結んでいる。これによれば、道元の場合は、体罰の完全否定論者でないにしても体罰の本質的非教育性を洞察し、教育の問題として抑制すべきだとしていると解される。道元は江戸期以前にあって、おそらく最澄に次ぐ第二番目の否定論者と位置づけられるであろう。

1　風間敏夫訳、法政大学出版局、一九六八年、五ページ。
2　綾部恒雄ほか訳、弘文堂、一九七七年、一五〇ページ。また、同右書、一七八～八一ページも参照。
3　笹山晴生『日本古代史講義』東京大学出版会、一九七七年、二四～五ページ参照。
4　久木幸男編『日本子どもの歴史Ⅰ　夜明けの子ども』第一法規、一九七七年、二二五～六ページ参照。
5　石井良助編『法制史』体系日本史叢書、山川出版社、一九六四年、八三ページ参照。
6　中野達慧編『日本大蔵経』第四〇冊所収。
7・8　藤謙敬「伝教大師の教育思想」（『伝教大師研究』）一二四三～四ページより重引。
9　義江彰夫『日本通史Ⅰ　原始古代・中世伝統の曙から伝統社会の成熟へ』山川出版社、一九八六年、二八〇～一ページ。

10 平凡社、一九八六年。以下は同書の特に四〇～三、七八～九、二五六の各ページを参照。

11 同右書、四二ページ。

12 以上については、網野善彦ほか『中世の罪と罰』（東京大学出版会、一九八三年）所収の、勝俣鎮夫「ミミヲキリ、ハナヲソグ」参照。

13 法政大学出版局、一九八一年、一五一～八六ページ参照。

14 横井清『中世民衆の生活文化』（東京大学出版会、一九七五年）によれば、狂言では、盲人をはじめとする身体障害者が、その「笑いを構成する重要な支柱となっている」（三一七ページ）。筆者も同じ印象を持った。

15 河野勝行『障害者の中世』（文理閣、一九八七年）第一一章、「御伽草子『一寸法師』が示すもの――中世から近世へ――」を参照。

16 北川忠彦ほか校注『狂言集』（小学館日本古典文学体系、一九七二年）、岩波古典文学大系『狂言集』などによる。なお、以上に挙げた例の他にも、打擲場面が出てくるものが多くある。

17 西村恵信『禅僧の生活』雄山閣、一九八三年、一八七ページ参照。

18 『臨済録』行録（西谷啓治ほか編『禅家語録Ⅰ』世界古典文学体系、筑摩書房、一九七四年）三七三ページ。および『無門関』第二、百丈野狐（同書Ⅱ）三六三～五ページ参照。

19 柴木全慶「禅の修行」（講座『禅』第二巻「禅の実践」）二一～二ページ参照。

20 宮坂哲文『禅における人間形成』評論社、一九七〇年、九五ページより重引。

21 加藤健一『道元』吉川弘文館、一九八三年、三一六ページ参照。

22 懐奘《えじょう》『正法眼蔵随聞記』水野弥穂子訳、筑摩書房、一九六三年、五九～六〇ページ参照。

2　近世の体罰観

1　近世的体罰観の前提

この節ではまず、近年の各分野の研究成果を、本書の観点からピック・アップし、紹介する形をとりながら、後節でみるような わが国に独特の 近世的体罰観が 成立してくる その思想的前提を、三つの観点から取りあげてみたい。

身体観・身心関係論

わが国や東洋社会における身心関係のとらえ方については、湯浅泰雄『身体——東洋的身心論の試み——』(1) より教わるところが多かった。氏によれば、東洋の身心論の特徴は、「大雑把に」言えば、「〃身心一如〃という表現にみられるように——身体のあり方と心のあり方を一体不可分なものとしてとらえてゆこうとする態度にあらわれている」。また、「哲学としてみた場合……哲学的論理体系の基礎に、『修行』の問題が前提されている」。さらに、ここに言う修行とは、「身体の訓練を通じて、精神と人格の向上を目指す実践的企てという意味を帯びてくる」(2)という。

ここまでは、常識の範囲とも言えるが、ここからが重要である。氏は、仏教学者玉城康四郎氏が、道元は「心より身体をより上位に置く」とする説を援用しつつ、「この見方は、道元の思想のみならず、一般に仏教における修行の意味を正しく把えている」とする(3)。また、東洋における身心論の伝統は『情動作用』、哲学的にいえば、パトスやエロスの問題を中心課題として追求してきた」と言う。そして、この書の最後に東洋の修行論を次のように総括して述べる。伝統的教育論の本質的特質が具体的かつ理論的によく整理されているので、紹介してみたい。

東洋の修行論の特徴は、身心の諸能力を別個にバラバラにとらえるのでなく、それらを全体的統一を持つものとしてとらえると共に、その統一の中心となるべき人格の核心的部分に宗教的意義を与えようとするところにある。たとえば芸道論は、芸術的創造の能力を訓練し向上させてゆく過程、すなわち「芸の稽古」を人間完成に至るための「修行」とみなしている。武術の場合にも、身体的技能の訓練が人間完成のための修業とみなされた。近代以前は、学問研究さえも修行の一種とみなされていたのである。したがって身心の諸能力の訓練と向上は、どのような道を通って行なわれようとも、結局はすべて、一つの共通な中心である人格の核心に導いて行かなくてはならない。すべての道は身心の諸能力の全体的統一の核心となる人格中心の完成という道程につながるのである。そのような人格中心の向上と完成に結びつかない単なる技能的訓練を目的とした態度は、東洋の修行論では邪道とみなされるのが普通であった。身体的技能や学問的能力がいかに優れた人間であっても、その人間的心情のあり方に欠陥があるならば、彼は尊敬をかち得ることが出来ない。その技能や学問はむしろ危険であるとみなされる。つまり東洋の修業論の伝統では、宗教的修行がさまざまの形態における修行を統一する中心理念の位置を占めているのである。

これは、東洋的瞑想や西欧の心理療法と東洋の修行とを比較検討する場面の一節である。なお、こういう言明には、「恐らく近代的人間観において最も無視されているのは、情動の能力が人間性において占める役割であるかも知れない」(4)とする問題意識が下敷となっている。

話の筋が体罰論そのものからそれるので、話を元に戻すが、心より身体を重視する右のような修行観が、次項以下に述べるような動物愛護思想や人間平等観と綯《な》い合わされるとすれば（筆者はそう考えるのだが）、体罰肯定の立場は出現しにくいと考えられるのである。

生物の愛護

伝統的な日本人の生物愛護思想のことを書こうとすると、前近代の一大庶民教育運動の創始者石田梅岩の伝記的記事をはじめて読んだ時に受けた衝撃が、直ちに甦ってくる。それは、彼の没後に弟子たちがまとめたものだが、次のように書かれていた。

「(先生が) 米を研がれる時は、一番、二番の洗い水をほかの器に溜めておかれ鼠に与え、釜に残った飯粒は湯に入れて飲み、少しでも釜に付着しているものは、よく洗いそれをそのままにしておき、雀、鼠などの食料にと与えられた」(5)。驚いたのは、倹約の実行ではない。それはすでによく知られていることである。今日的にみれば有害動物の典型である鼠にまで、愛護の実践をするからである。(ただし、江戸時代は鼠を神聖視することが一般的ではあった。) また、

「先生は次のように言われた。『私は、無益の殺生を悲しみ、二十年このかた、入浴・洗足、物のゆで湯なども、熱いのは水でぬるめて流し、地中の虫が死なないようにした。このことは十回に七回は行うことができた』」(6)。当時の京都には水道のような便利な給水設備はない。倹約家の梅岩が、地中にいるかどうかも定かでない虫のために捨てる湯をわざわざぬるめる行為は、特別の宗教的感情の存在を抜きにしては理解できない。(ただし、民間に広く流布していた『陰隲文《いんじつぶん》』(陰徳をすすめる文) などに極端な動物愛護の思想があった。梅岩が特異なのは、それを本気で実践したことにある。) 後にみるように、石門心学の流れをくむ人々は、体罰禁止思想の一大潮流を

なしていた。近世最大の大衆教育運動における崇仰された創始者梅岩が、こういう徹底した動物愛護の実践者であったことの思想史的意味は大きいのではなかろうか。

仏教学者中村元氏の前掲書によれば、日本人は「お水」「お茶」と言うように、事物にまで敬語をつけるのは、いかなる事物にも神聖性を認めようとする傾向の名残である。また、中世人にとっては「草木にも精神があり、悟りを開いて救われることもできるという思想が一般に行われていた」(7)という。そう言えば謡曲や日本舞踊には、花や木の精がよく登場する。

近世においてこの思想はどういう状態だったのか。この点について社会体制との関連で画期的とも言えるメスを入れたのは、塚本学氏の『生類をめぐる政治――元禄のフォークロア――』(8)である。氏によれば、綱吉の「生類憐みの令」(一六八五)などで有名な「生類」の意味は、「人と感情を通じ合うことのできる生き物」で、畜生(鳥獣)を中心とし、一般には植物を含まない「流動的」な意味内容で使用されていた。しかし、大体のところ近世になると人間中心主義が明確になり、獣―鳥―虫(魚)―草木と階層づけて理解されるようになっていたという(9)。

しかし、この著作が画期的というのは、こういう、「何が憐れみの対象とされたか」ということの究明ではなく、それもなされているのだが、当時の動物対策の中に人間の社会統制の壮大な意図が読みとれる、ということを構造的に明らかにしてくれた点にこそ存するのである。氏の説を筆者の立場から要約すると、次のようになる。

一七世紀後半の綱吉政権の頃までは、城下町に徘徊する野犬などを捕えて食べる風習があったし、地方各地での鉄砲所持数も増加し続けていたが、このことは、農作物を荒らす鳥獣を捕え、その一部を食べていたことを示している。この頃に、犬などの愛護を内容とした「生類憐みの令」が出されたが、これは、中央政権（幕府）が人間の中での弱者（浮浪者、捨子）の保護や酒類の統制から、馬・犬・鳥獣対策までをも、多少の政策のゆれを伴いつつも、統一して規制してゆこうとする意図の象徴である。一七世紀後半の農民は、従来の大家族的な地方有力者の支配から小家族を単位に自立しようとしつつあった（「小農自立」）。このことは、こういう農民層の動向の前に動揺していた社会状勢への、中央政権の新たな対応・再建策であった。各藩も大体この時代に前後して、同様の政策をとりはじめていた。

氏のこの説はきわめてユニークであり、実証も豊富で、江戸時代の一面を鋭く説き明かしている。ここで確認しておきたいのは、時代の変化に伴う新たな統制策が、「生類憐み」という形で進められたということのその意味である。江戸期日本の、鎖国を含む一連の政策の中に「軍縮」政策の模範をみるという、これもユニークな内容の書として近年評判を呼んだものに、ノエル・ペリン『鉄砲をすてた日本人』(10)がある。ペリンはまったく日本語が読めない英文学者であるが、欧米人の日本研究史を精査した書であり、この点できわめて有益である。この書に、幕末に来日した英国人フォンブラン将軍が、「日本では馬の去勢はむごい仕打ちと見なされており、この国には導入できないであろう」と述べているくだりを紹介している(11)。文明開化期の肉食嫌悪の感情はよく知られているが、これら動物愛護の感情は、江戸初期からというよりは、綱吉政権の頃に一画期があり、幕末までしだいに強化されてきた感情なのである。

なお、こういう共感の感情がもっとも生じやすいのは、人間そのものに対してであることは言うまでもない。したがって、これから考察するような、この時代の人々の有する使用人や子どもを殴りつけることを忌む感情は、「生類憐み」の感情ときわめて近接しているのである。

日本的人間平等論

江戸時代の徹底した、かつ特異な平等思想の持ち主に安藤昌益（一七〇三〜六三）がいることはよく知られていよう。この昌益の研究者、寺尾五郎氏の書に、「四民平等の観点は昌益以前にも萌芽として存在した」として、井原西鶴、石田梅岩、西川如見、近松門左衛門などの詳細な例示がある。近松の場合をとれば、「侍とても貴からず。町人とても賤しからず。貴い物は此の胸一ツ」（『夕霧阿波鳴戸』）などのように(12)、人間に身分や境遇の差はあっても、本質的な差異はない、とする江戸時代人の発言を試みに拾い集めるとすれば、おそらく山ほど見出せる。それは、一種の平等感が誰の胸にもすでに根づいていたからである。近世法制史の石井紫郎氏は「幕藩体制社会における法」の特徴の一つとして、「社会的諸集団（士、農、工、商など）の規範相互間に決定的な相違が存続しなかった」ことを挙げ、その理由として、「そこでは、人間の思想、信条が個人によって違っている、という意識がなく、みなが同じ考え方をもっているはずだ、という前提が支配している」と述べ、この時代はホモジニアス（均質的、同質的）な社会で「共感」の文化が前提となっている、と特徴づけている(13)。

また、日本人の「客観的・普遍的な倫理意識の未成熟と心情倫理重視の傾向」が、近世においてもっとも端的に表れているとする相良亨氏は、「自己の心情への誠実さ」のみを絶対視し、「自己と他者との隔絶する側面の自覚を欠く」伝統を問い直さねばならないとする。これは「自己の心情への誠実」が、他者にも究極的には通じるとするオプティミズム（楽天主義）が強く信じられていなければ起りえないことである(14)。近世に顕著になった人間の均質性、同質性の思想を倫理思想史の面から明らかにしてくれているのである。尾藤正英氏の「徳川時代の社会と政治思想の特質」では、「支配者の権力意志だけでは、二百七十年に及ぶ平和の持続（江戸時代のこと）を可能にした条件の説明としては不十分」として、それぞれの身分が「役」（割と責任）を担う者として位置づけられていたことに注目している。これも重要な視点と思う。「役」とは、同質の人間が、色々な巡りあわせで武士なり町人なりの社会的役割を担うのであり、人間の同質性が前提となって成立する考え方であろう(15)。

以上は、現在の学界で有力であり、筆者にとっても説得的である一部の説を紹介しつつ、「人間皆本質的にそんなに変らない」という意味での平等思想が一般化していたことを説明した。ヨーロッパで革命を引き起した新思想に類似のもの（平等思想）が、日本では体制の中で定着し、社会の安定（停滞？）のために機能するという、正反対の役割を担ったとも言えるのである。これは、今日の日本社会の特質にも通じていることが気づかれるだろう。

ともあれ、こういう平等観を持つ人々の眼には使用人や子どもに対する体罰が残酷に映るのは、理の当然であろう。いわんや、テレビの娯楽番組に繰り返されるように、エリート意識の保有者たるはずの武士が、刀を抜いて庶民を威嚇することなどきわめて稀な例だったのである。

2　変化の時代――一七世紀

一七世紀初期の姿

「元和《げんな》偃武《えんぶ》」ということばがある。大坂夏の陣（一六一五）以降、大きな戦乱がなくなり、「天下太平」になったことを示すことばである。この頃から体罰もおそらく減少するのだろうが、もちろん詳しいことはわからない。江戸期以前の成立とされる著名な教訓書『世鏡抄』には、次のような部分がある。

親は、男の子に対しては七歳から立居振舞、心遣いをよく見て、十四、五までは鳩《ゆが》んだ所を直せ。言うことをきかなければ、打擲《ちょうちゃく》して教えよ。十六、七になったら詞《ことば》で教え、きかないようなら色々の手段で教訓せよ。二十一、二になったら一、二度は教え、三度になる時は勘道(当)せよ(16)。

体罰肯定論ではあるが、「十六、七になったら……きかないようなら色々の手段で教訓……」と言っているのは、この年頃になったら体罰はするなと言うことであり、これから述べる教育の温和化の一萌芽とみられなくもない。

家康の遺訓とされた『東照宮御遺訓』は、現在では偽作説や改作説がある(17)が、当時は「上は将軍から、下は平士(一般武士)に至るまで」(18)武士全体に広く読み継がれ、重要な教訓となっていた。この中の「下々のうわさ話は天の声とも言えるからよく耳を傾けよ」というくだりで、現代人にとってはやや唐突な表現ながら、「たとえば我子に悪事あれば、父是を打擲して改めさせんとするがごとし」(19)とある。天変地異が天の突然の警告であるという文脈で言っているのだが、上級武士の親子でも、特別の場合は「打擲」して戒めていたことをうかがわせる。

また、使用人に対する主人の体罰に耐えきることが「成仏」の保証であるという話が、鈴木正《しょう》三《さん》の行状に関する文中にある。

師(正三)がこの前三州山中村(現愛知県西加茂郡猿投町元山中)におられた時、村隣の名主の下女が来て「我らがお世話になっている人は夫婦ともに無慈悲で、明暮打擲され困っています……」と言う。師は礼拝して言うには、「あなたは……永く苦難を受けるが、この世での苦難が報われて、来世には必ず成仏する。あなたの主人は二人とも仏菩薩の仮の姿なのだ。今後責め、恨み、怒ることなく悦んで苦しみを受けよ」と言われ、納得して(帰り、それ以後本人は)打たれてもかえって悦び、よく奉公したので、名主夫婦もその非を悟り、終には善人となった(20)。

正三の思想は後にみるが、「明暮打擲」するような名主が、この話の頃(一七世紀前半)に存在したことの一証言である。

近世初期に寺子屋で打ちたたくことが一般化していたことについて、同時代人が貴重な証言を残している。それは、熊沢蕃山である。

昔は学校の罰にもむち打つことがあった。(古代の大学寮のことを言っていると思われる。)これも今の人情風俗では行ってはならない。むち打たなくても、統制はとれるはずである。寺子たちに対してさえ、五、六十年前までは打ったが、近年は士《さむらい》の子に対してそうしない風俗となった。庶民の子に対してさえも打つ師は稀になった(21)。

また、大名が臣下に対して行う体罰についても、次のように言っている。

昔は官刑にむち打つことがあったが、しだいに文明化して、官位ある人々をむち打つのは気の毒だと思う人情になって来たので、むち打つことに耐えられず、(そういう人は)左遷するようになったようだ。(平安時代のことを言っている。)七、八十年以前までは日本でも、臣下をむち打つ人があった。五、六十年以前まで、児小姓《ちご》などを打った大名もあったが、その後は止んだ。世の中の風俗は五十年で少変し、五百年には大変する(22)。

この書の別のところで、農民が武家奉公人になると、やたらに庶民を殴り、はなはだしい場合は、自分の「庄屋殿とかしこまっていた」(23)(郷里の村の)庄屋に対してさえ殴るようになる、と嘆いている。蕃山のこの書『孝経外伝或問』の成立は、一六八〇年代の彼の最晩年であることは確実であるから、もし蕃山のこれらの年代的叙述を信じるとすると、体罰に関する時代的推移を次のように段階づけることができることになる。

すなわち、まず、一六〇〇年頃から臣下を殴る殿様、主人がいなくなった。一六二、三〇年頃には殿様で（弱年の）児小姓を殴る人もいなくなった。同じ頃、寺子屋師匠は武士の子をたたかなくなり、庶民の子に対してさえ稀になった。しかし、農民からにわかに武士身分となったものは（権力を笠に着て）一七世紀後半でも、やたらに殴る、と。

こんなにすっきり整理して考えることができるかについてはかなり疑問が残る。また、地域差も多かったのは当然のことだろう。しかし、一六二〇年頃の日本を描いた、イエズス会士ルイス・フロイスも、すでに「日本では、むち打ちは滅多に行わない。ただ（言葉?）によって叱責するだけである」(24)と述べている。ヨーロッパではじめてむち打ちの非教育性を認識しつつあったイエズス会士の報告だけに、意図的な要素もあろうが、事実を裏づけていることも確かだろう。一七世紀のかなり早い時期から、体罰は忌まれるようになっていたことは、これらによって確言できるのである。

鈴木正三《しょうさん》

儒教思想、特に朱子学が日本で風靡するようになったのは、天和年間（一六八一〜八三）くらいからであるとする近年の有力な説がある(25)。私は、もう二〇年くらい遡って、寛文年間（一六六一〜一六七二）のはじめくらいからと考えたい(26)が、いずれにしても一般のイメージと違い、江戸時代の儒教思想の浸透は意外に遅いのである。一七世紀を通して、仏教の方がいかに優勢であったかは、当時の書籍目録をのぞいてみれば一目でわかる。仏教書の出版が圧倒的に多い。しかし、一概に仏教と言っても、時代が変れば中味も変る。どういうふうに変ったかということは、鈴木正三の思想に象徴されている。

鈴木正三は、勇敢な三河武士であったが、元和六（一六二〇）年、四二歳の時に出家した曹洞宗の流れをくむ禅僧である。彼の思想は、当時としては広く普及していた「仮名草子」の著作などを通して広まっていった。その思想については近世的仏教への改造の「宗教改革者的精神」(27)（中村元）とか、彼の著しい特徴である職業倫理の強調という面に注目して、「勤勉の哲学の祖」(28)（山本七平）などと位置づけられている。

本書のテーマとの関連では、殺生を職業とする猟師などの仕事を現実的に「しかたのないもの」と肯定しつつ、他方で無益の殺生を固く戒めること、賤民や弱者への慈愛を説くことなどが注目される。中村元氏は「人間に対するあたたかな共感の情を持っていた」(29)人物であるとする。こういう人物であるから、体罰の否定も当然のことである。そしてそれは、弱き者への共感という観点から説かれている。

非人・乞食が飢寒の愁いに苦しみ、野山に臥して一生を送るありさまはふびんではないか。又、幼いものの罪のない心を、よく受け入れてやるべきである。彼らを脅《おど》し、傷める事は有ってはならない。(子どもの)悲しむ心は(子どもの)身心に毒で、病《やまい》になると言われる。……鳥獣を籠に入れ、つなぎ苦しめて目を楽しませるのは、鳥獣の心を知らないからである。……小さな虫に至るまで心をとめて見よ。……(30)

「小さき虫に至るまで」は、さきに引いた石田梅岩の行状を想い出させる。事実、石門心学の思想と正三の思想の親近性はよく指摘されることである。正三は明暦元(一六五五)年に六七歳で没するが、このように一七世紀の新仏教では、「殺生《せっしょう》」を職とするものの実生活、職業生活を尊重しつつも生き物一般への慈悲を説き、その一環として、体罰をはっきり否定した教説を一般の俗人に広く説くようになっているのである。

四代将軍・家綱時代

前掲塚本氏の『生類をめぐる政治』に、犬殺し禁令が、綱吉政権以前に、すでに三藩に出されていたことが紹介されている。このうち、伊勢藩の場合は、寛文七(一六六七)年であり、尾張藩の場合は、慶安五(一六五二)年である。いずれも、幼少(一一歳)で即位した家綱政権(一六五一~八〇)下でのことである。もう一つは、会津藩で、これは正保三(一六四六)年というもっとも早い時期のもので家綱即位の五年前であるが、時の会津藩主が、家光から幼少将軍の後見を託された叔父（家光の異母弟）、保科正之《まさゆき》自身であった点が、特に注目される。

塚本氏は五代綱吉政権下の「生類憐みの令」と、それ以前とをつなげて考えるのは「無理」とするが(31)、私は、なお連続的に考えたい気がする。問題の核心は、将軍後見役・保科正之の政策にあるが、これが厄介なことに、神秘のヴェールが濃いのである。幕府の正史『徳川実記』の家綱政権の時代を通読してゆくと、その序列や、彼の大病時（眼病）の際の扱い方に、正之が最大の実力者であったことが知れる。しかし、『実記』にも「退朝の後ただ枢密の漏れんことを恐れ、瑣事といえども父子・夫婦の間もその事（政治に関する事）に及ばざれば、侍臣も聞く事を得ず。よりて（家綱への）補導調和の美事伝わらず」(32)とある通り、極度の秘密主義者なのである。

正之の政策は、寛文三（一六六三）年の「殉死の禁」など戦国以来の殺伐な風習を温和なものに是正してゆくとともに、他方で身分秩序の固定化の方向を強め、これに対して反対する危険な思想家たちを隠微に取り締ってゆくという点に特質があった。矛盾したような言い方だが、「人道主義的管理主義」政策とでも言えようか。

日本的朱子学の典型、山崎闇斎が正之に接近したのは寛文五（一六六五）年であるが、正之はすでにその一三年前の四〇歳の時に、禅学から朱子学に思想転換を果している。それは、将軍補佐役の大任を負った翌年にあたっている。闇斎は、中国朱子学に根強かった、君に対して臣下が主体的な独立性を保持する思想（君臣義合説）に対して、君臣関係を絶対化する思想（君臣天合説）に固執した。正之に限らず、正之と緊密の間柄にあった御三家の一人、徳川（水戸）光圀も同様の立場にあった(33)。また、この頃、仏教内の急進派、日蓮宗・不受不施《ふじゅふせ》派の追放や寺院統制、彼ら自身の藩領内での「淫祠、邪神」の整理が、ほぼ同時に進行しているのである。

この問題は幕藩体制の性格の基本にかかわる大問題であるが(34)、ここでは、同様な問題関心を仮説的に提示している熊倉功夫氏の論文があることを紹介するに止める(35)。ただし、本書の問題関心からすれば、この光圀が体罰反対をはっきり表明していることには、是非ともふれておかなければならない。すなわち、

> 子どもを教えるのだからと言って、強く折檻するのは、益がないだけでなく、気力を縮め、かえって害になる。自分のしたいままにさせて、機会をみて理解ができるように導くことが大事だと（光圀は）仰《おつしや》った。それゆえ、ご家中や郷士の子どもらは、家では父母に叱られるが、御前ではお構いないから、喜び勇んで常に御殿に来て自分たちで色々のなぐさみ事をして騒ぎ笑い狂うけれども、一度も叱られることもなかった。しかし、どこか感化するところが有ったとみえて、御前へ来た子どもらは、ちゃんと育ち、礼儀・心がけともに正しく育

った(36)。

この光圀の体罰反対の思想は、さらに広範囲に及んでいた。いわば「時代の思想」にもなりつつあったのである。それを次に検討する。

闇斎・素行・藤樹

闇斎《あんさい》が保科正之の儒学の師になったことは、すでに述べた。彼は若い頃から激しい性格で、京都のその私塾での講義も厳粛であり、「杖」までも常用していたことが知られているから、あるいは時に体罰を行ったのではないかと疑われた。しかし、闇斎の「年譜」には、杖は「常に一杖《いちじょう》を執りて講座を撃ち」云々とあるのみである。それでも疑問が残るので、著作類や門人の記録を調べたが「怒罵」(いかりののしる)は激しかったものの、体罰を行った記事は見当らない(37)。闇斎の仮名書き教訓書『大和小学』には、この後、中江藤樹のところで詳述する程明道・伊川兄弟の母が、召使いを打たなかった話を載せており(38)、(彼は激しい性格であったから、発作的実行の有無になお若干の疑問は残るものの)体罰をよしとしない思想を持っていたことは確かなことなのである。

山鹿素行は、この時代に朱子学を批判したため、寛文六（一六六六）年赤穂に配流された。彼は、戦前の軍国主義時代、武士道の権化のように言われ、厳格な人物のように思われがちだが、使用人や子どもを深く気遣う人間だった。子どもについては、次のようなことを言っている。

父が子に対して、きわまりない愛情があるからといって、大小の事すべて子どもの作法が完璧なことを望んで何事も強く諫《いさ》め、厳しく戒める時は、父子の間に必ず心の隔りができて、（子どもは）事実を隠して偽ることになるものだ。これは、父の道が「厳」だけではダメな証拠である(39)。

身分制の否定という点で、一七世紀にあってもっとも反体制的であったとみられる陽明学派の中江藤樹・熊沢蕃山も、そして今までみてきたこの期の代表的思想家・政治家も、個人的気質や思想的立脚点・政治構想は違っても、子どもや使用人への人間的共感を背景に、手荒な、あるいは冷酷な扱いをできれば避けたいと思う人たちという点で、奇妙なほど一致しているのである。

中江藤樹は、慶安元（一六四八）年四一歳の若さで亡くなっている。鈴木正三より七年前にこの世を去っており、今まで取りあげてきた江戸期の思想家の中で、もっとも初期に活躍した人である。一七世紀前半の人である藤樹のことをややあとに取りあげたのは、その弟子蕃山との思想的つながりが深いため、便宜的に蕃山の直前でふれることにしたのである。ともあれ、「愚魯鈍昧」と言われ、知能の遅れた大野良佐なる人物に対し、忍耐強く漢籍医書の読み方（素読）指導を持続した(40)「近江聖人」の彼が、体罰肯定論者とは想像するのさえ難しい。藤樹はその女子用仮名書き教訓書『鑑草《かがみぐさ》』の中で、さきにふれた程兄弟の母の逸話を紹介している。

程先生（朱子学の基礎を築いたとされる程明道《めいどう》・伊川《いせん》の兄弟のこと）の母侯氏は、よく親に仕え、その名声は鳴り響いていた。家の中を治めるのに基準があり、激しくなく、婢妾（下女やめかけ）に情けをかけ、たとえ罪があってもむち打ち苛《さいな》むことを嫌われた。子どもたちが、理由もなく怒って下男を責めることがあると、運命の厚薄によって（人間には）尊卑はあるが、一気同体の人（同じ人間）なのだから、理不尽に責め苛むべきではない。心ならずしてしまう誤ちは誰にも有りがちな事だから、必ず宥《なだ》めて許すべきだと深く戒められた(41)（傍点引用者）。

この話は、朱子学の入門書として広く知られていた朱子編集の『近思録』斉家《せいか》の道（篇）にあるものである(42)。朱子学の入門書に、「一気同体の人」という言い方がなされていることにも注意されるが、興味深いのは、原文は「奴婢」となっていたところを、藤樹は「婢妾」としていることである。私の推測では、日本では女性の主人が「奴」(男の使用人)をむち打つことなどはきわめて稀で、藤樹は非現実的なことばと考えて、「婢妾」と改めたのである。

わが国に多数生み出された女子用教訓書中には、体罰にかかわる話などほとんど存在しないが、この話はわが国の女訓書にこの時以後も時々取りあげられた。たとえば、寛文元(一六六一)年自序の中村惕斎《てきさい》『比賣鑑《ひめかがみ》』(43)や、天和三(一六八三)年の序文がついた著者不詳『女家訓』(44)などにあり、これらは、女子教育史上でも体罰が避けるべきこととされてきた明瞭な証拠である。

四書の筆頭、『大学』のはじめの部分「天子より庶人に至るまで、例外なく身を修めるのが本《もと》である」ということばに強い衝撃と共感を持った藤樹(45)は、特に人間平等主義的指向が強い。体罰肯定思想とはもっとも遠いところにいた思想家の一人であったのである。

蕃山の関心

熊沢蕃山は、一世を風靡した現実感覚の優れた才人、荻生徂徠が「百年来の儒者の巨擘《はく》、人才はすなわち熊沢」と評したことが象徴しているように、「人情・時変の機微を洞察するすぐれたる現実的感覚を備えていた」(46)人物であった。しかし、四代家綱の保科政権下で、幕府に警戒され、後半生はのちの世に期待をかけて遺著を残す他に道がないような半幽閉的生活を送らざるをえない人物であった。したがって、その著書は絶版にされたり、出版されなかったりで、江戸時代人にはその思想の全貌は知りえなかった。ちなみに、それは、戦後のごく最近までも続いたのである。なぜなら、戦時下に出版された唯一の全集は、天皇関係の記述が大幅に伏字となってしまっていた。近年ようやく宮崎道生氏らの努力でこれらが起され、『増訂蕃山全集』全七冊として完結したにすぎないからである(47)。

ともあれ、蕃山はおそらく近世日本を通じてもっとも詳しく体罰否定を論じた人である。まずは、じっくりと蕃山の見解を味わってみたい。

或人が問う。幼少の子どもに手習いや文字読み（漢文の素読のこと）を教えて、覚えることが遅かったり、忘れたりするからといってむち打つのは厳しすぎる（「粛」）のではないですか。

（蕃山が）答えて言う。厳しすぎる。教育方法が立っていないからである。（「道なければなり。」）文字読みは子どもの方から、読み足りないのでもう少し多く読みたいと、自ら進んで言うように、一句づつあるいは三、四字ほど読ませるのが良い。そうすれば、覚えるのも早く忘れることも少ない。能力のあるなしは、生れつきではあるが、胎内にいる時から影響を受け（いわゆる胎教の考え方を前提としている）、二、三歳から聞き慣れていることは、出来ない者はいない。今でも、四書など（の素読）は、半分くらい読めるようになるまでの段階では

熊沢蕃山（『先哲像伝』写本，柳川重信画，国立国会図書館蔵）

ダメなものもいるが、（そういう者も）そこを越えるとよく出来たものと大体同じくらいの程度になるものだ。教え方が問題なのだ。書き方は「筆の道」より教えれば進歩する。（当時は一部ではじめから手紙文などの書写をやらせることがあったと考えられ、これを批判しているらしい。）むち打つことが必要な子はいない。いろはのいの字は簡単にみえる字だが、はじめて手習う子にとっては、二、三日しても書くことができない。漢字ははじめは書きにくいが、習字の学習で書かせると、いの字さえ書けない子も、二、三日あるいは四、五日すれば、字形を正しく書くようになるものだ。一日に一字教えて四、五日間を置き、又一字づつそのように教えてゆけば良い。二、三年そうやって習ってゆけば、もう師を必要とせず、自分自身でどのような上達者にもなるものだ。私はそのようにして習ったことはないが、七、八歳の子にそのように教えるのを見たことがある。世間でやる手習とは方法がまったく違う。武芸もなおさらの事、正しい方法で教えれば早く上達する。（これに対し）聞いたことも見たこともない事を、読もうとする気もない子にまずい教え方で読ませれば、先にやったことは忘れてしまうのは当然だ。それを覚えが悪いの、忘れてしまったのと打ちたたきするのは、「不仁」である。（教育方法を）知らないのである。（なまじそんな教え方をせずに）教えないでおいたならば、成人してから学問を好むようになる素質の人も、幼少の時の辛さに懲りて学問嫌いになってしまうものだ。手習も、書き方の道を知らない師匠について字形ばかり習わせれば、どんなに折檻しても成人ののち悪筆になってしまう(48)。

ここには、教育方法の工夫・改善や環境条件の充足による教育効果向上の思想、その具体的方法が述べられている。蕃山とほぼ同時代で「近代教育の父」と言われるチェコスロバキアの教育思想家コメニウス（一五九二〜一六七〇）は、ヨーロッパでも当時発達の著しかった活字印刷術の手法をヒントに、知識の体系化と一斉教授法による知識の普及（教育）を志していた(49)。知識の体系化、精緻化という伝統が薄いわが国では、その代わりに、子どもの情的理解・共感を基礎に子どもの心理やその置かれた環境から教育方法を考える人物が出現していた、と位置づけることができるかも知れない。その場合、子どもに対する体罰が大人にとっても痛々しく感じられやすいということが、この傾向を促す一動因となっていたとさえ言える。

また、さきの引用書『孝経外伝或問』と並んで、ほとんど同時期の最晩年に書かれたと思われる武士道のあり方を説いた『夜会記』では、なんと体罰問題を冒頭から取りあげているのである。

この書は立場を異にする数名の対話方式をとり、内容的にもかなり難解な日本文化論である。ここでは、論旨を要約する形で紹介したい。

「中国では力ずくで教える伝統がある（本書九一ページ以下参照）が、力を用いるということは徳がないからで、理想の世ではあってはならないことである。親が教育上子どもをたたくのも、感情的にたたいたりすれば親子間の和を破ることになり、子どもの性格を悪くする。幼い子どもは『誠』のみの存在なのだから、大人の偽り多い心で好き勝手にし、まして思いやりもなく苦しめることがあって良いのだろうか。特にダメな奴僕は、どうしても力ずくで教えなければならないこともあろうが、それもむやみにやってよいはずはない。心ある主人は、鳥獣に近い下々《しもじも》に対してさえむち打つに忍びない。特に武士たるものを恥しめてはならない。そうすると武士たるものの威厳が失われるからである。妻は男女の別こそあれ、友であるからお互いに諫めあうべきである。君臣と夫婦は義《ただしさ》で結ばれるものであるから、義にあわない時は分れるべきである。同じ武士たるものの子であるのに、女だからといって殴ったりすべきでない。下々でさえ夫婦喧嘩をして杖を手にする者は一〇〇人に一人、二人あるかなきかである(50)……。」

ここからわかるように、蕃山は武士層を中心にあるべき理想社会を構想していた。武士と庶民の間に一線を画したが、他方で武士は庶民の中から互選されてそういう身分になるという、社会契約説的な考え方を理想として述べることもあった(51)。ともあれ、このように庶民自身のエリートたる武士は、主君に対して一定の独立性、主体性を保持すべきで、武士自身に対する妻の立場もそうあるべきと考えていたこともわかる。

また、蕃山は京都の公家層との接触が深く、伝統的王朝文化を深く吸収し、自らの儒学の日本的改造への重要な支柱としていた。平安文学に親しみ、平安貴族の教養でもあった横笛の名手でもあった。共感などの心理的側面の破綻を特に重大視した彼の体罰否定論は、このような平安王朝文化の素養・趣味も影響していると思われる。

なお、藤樹、蕃山の系譜の思想史的位置づけについては、前掲尾藤氏の『日本封建思想史研究』中のものが魅力的である。氏は、「藤樹と蕃山の著述を読んで、いちばん感じるのは、一種の平等主義のようなものですね。人間は全部平等だ。殿様であろうと天子であろうと、一般の侍も庶民も全部平等でただ与えられた仕事が違うだけだ。職分が違うから、それぞれがしなければならないことは違うけれど、人間としての根本の道、生き方においては同一でなくてはならない。その共通の原理を孝と呼ぶのですが……」(52)とも述べているが、身分制が固まりつつある時代にそういう立場を堅持しようとした彼らは、明らかに「体制に対する批判者的立場」(尾藤正英)であった。しかし、氏によれば、その後に出現する大思想家は、徂徠にしても、宣長にしても、体制の現状に対する批判性が含まれてはいたが、それらは「いわば可能なことのみを問題にしようとする……現実主義的思考」であり、「徂徠においては儒学の『技術』化を生み、宣長においては伝統的感情にもとづく専制支配の肯定となり、いずれも体制自体の実質的な強化を指向するとともに、政治とは無縁な私的生活の場合においてのみ、個人の主体性を解放することによって、その間の矛盾の解決をはかろうとする立場となった」(53)とする。

次項で取りあげる益軒も、晩年に『大疑録』を書きながらも生前は公刊を控えて秘密にしていた状況も、実は、こういう社会体制の成立に大いに関係する。詳細は次項に譲るが、体制順応的な益軒の「大疑」が、時の体制の根本にふれそうにはわれわれにはとうてい思えない。にもかかわらず、そういう書をも秘密にしなければならないと、時代の流れに敏感であった時の大儒(益軒)に感じさせるような、そういう管理的かつ抑圧的社会になってきたのである(54)。

1 講談社学術文庫、一九九〇年発行。
2 以上、同右書、一二〜六、九九ページ。
3 中村元氏によれば、小乗仏教では、身体を悪の根源とみるという(同氏『東洋人の思惟方法』春秋社、三九ページ)。湯浅氏が「東洋」とか「仏教」とか言う時、不用意なところがあるが、ここでは、日本に限って考えればよいだろう。
4 湯浅、同右書、二八六〜九ページ。
5 『石田先生事蹟』(柴田実編『石田梅岩全集』下巻、清文堂、改訂再版、一九七二年)六二六ページ。

6　同右書、六三三ページ。
7　前掲『思惟方法』一八〜九ページ参照。
8　平凡社、一九八三年。
9　同右書、二五二〜六ページ参照。中国でもやや先立って同様な思潮があったことは、荒木見悟「戒殺放生思想の発展」（同『陽明学の展開と仏教』研文出版、一九八四年）参照。
10　川勝平太訳、紀伊国屋書店、一九八四年。
11　同右書、一二一ページ。
12　寺尾五郎『先駆安藤昌益』徳間書店、一九七六年、一〇二ページ。
13　同氏『日本人の国家生活』東京大学出版会、一九八六年、二四〇〜四ページ参照。
14　同氏『誠実と日本人』ぺりかん社、一九八〇年、「まえがき」参照。
15　同氏「徳川時代の社会と政治思想の特質」（『江戸とは何か2』至文堂）所収。原載は『思想』No.685、岩波書店、一九八一年。
16　山住正己ほか『子育ての書』1、平凡社、一九七六年、六三ページ。
17　近藤斉『近世以降 武家家訓の研究』風間書房、一九七五年、五一〜六四ページ参照。
18　同右書、四四ページ。
19　同右書、資料篇、一九ページ。
20　鈴木正三（恵中撰）『反故集』岩波日本古典文学大系、三三七ページ。
21　『孝経外伝或問』第三、（谷口澄夫ほか監修『増訂蕃山全集』第三冊、名著出版）一六五ページ。
22　同右書、一六四ページ。
23　『夜会記』第三、（同右書、第五冊）一八一ページ。

24　ルイス・フロイス『日欧文化比較』大航海叢書一一、岩波書店、一九六五年、五三七ページ。

25　渡辺浩『近世日本社会と宋学』東京大学出版会、一九八五年、一九一ページ参照。

26　拙稿「批評と紹介、渡辺浩著『近世日本社会と宋学』」(『中国――社会と文化――』第一号、東京大学中国学会、一九八六年)参照。

27　中村元、前掲書、第一編の題名。

28　同氏『勤勉の哲学――日本人を動かす行動原理――』ＰＨＰ研究所、一九七九年、二〇ページ。

29　前掲書、一三五ページ。

30　鈴木正三『盲安杖』(『仮名法語集』岩波古典文学大系)二四八～九ページ。

31　以上は、前掲同書、一四〇～三ページ参照。

32　『徳川実記』巻三八

33　渡辺浩、前掲書、八七ページ参照。

34　前掲拙書評に、やや詳しくこの問題を論じている。

35　同氏「化政文化の前提――寛政異学の禁をめぐって――」の「一、江戸における二つの異学の禁」参照(林屋辰三郎編『化政文化の研究』岩波書店、一九七六年)。

36　井上玄桐『玄桐筆記』(常盤神社水戸史学会編『徳川光圀関係史料 水戸義公伝記逸話集』吉川弘文館、一九七八年)五一～六ページ。

37　石田一良『伊藤仁斎』吉川弘文館人物叢書、五一～二ページ、および阿部隆一「崎門学派諸家の略伝と学風」(『山崎闇斎学派』岩波日本思想大系、「解説」)五七五ページ参照。

38　『大和小学』(『日本教育文庫、教科書篇』)二六ページ。

39　前掲『子育ての書』1、一四六ページ。

40　『藤樹先生年譜』（『中江藤樹』岩波日本思想大系）二九四ページ、および伴蒿蹊《こうけい》『近世畸人伝』平凡社東洋文庫、二〇ページなど参照。
41　「教子報《きょうしのむくい》」巻之四（鶴田新蔵編『婦人文庫』教訓、一九一四年）一〇六〜七ページ。
42　湯浅幸孫注『近思録　下』朝日新聞社、一九七四年、六七〜九ページ参照。
43　「紀行」巻之二（『婦人文庫』伝記後篇）一八ページ。
44　巻之中（『日本教育文庫』女訓篇）二一九ページ参照。なお、この書は、藤樹の『鑑草』の「大旨をとり」たることを明言している。
45　「川田氏本」年譜（藤樹先生全集、巻第五（別）冊）による。
46　尾藤正英『日本封建思想史研究』青木書店、一九六一年、二一七ページ参照。
47　名著出版、一九八〇年完結。
48　『孝経外伝或問』（同前書、第三巻）九八ページ。
49　コメニウス『大教授学』鈴木秀勇訳、明治図書。特に一二章など参照。
50　第一巻（前掲全集、第五冊）二〜三ページ。
51　詳しくは、拙稿「新儒学の日本的受容の教育史的展開――熊沢蕃山・貝原益軒の場合――」（『講座日本教育史2』第一法規、一九八四年）参照。
52　高橋碩一ほか『シンポジウム　日本歴史12　近代思想の源流』、学生社、一九七四年、六七〜八ページの氏の発言。
53　同右書、二八五ページ。
54　前掲拙稿「新儒学の日本的受容の教育史的展開」参照。

3 「確立」と「ゆれ」と肯定論の再生

1 体罰否定論の普及——一八世紀

益軒

蕃山より一一年遅れて生まれ、蕃山より二五年長生きし、正徳四（一七一四）年八五歳で黒田藩福岡の自宅において親戚一同に見守られつつ平穏にこの世を去った益軒は、素行・蕃山などの不遇な生涯を意識してか、若年の一時期を除いて慎重・巧妙な身の処し方に終始したらしい。固まりつつある身分制度に本質的に逆らうことなく（若年時代陽明学に熱中した時期があるが、体制内的生き方に対する内的葛藤はしだいに消滅したと考えられる。）自らの関心を自然学や民衆への体制内的啓蒙・教訓活動に限定したと位置づけることができる。

明治になってから『益軒十訓』として括られることになる彼の主要な教訓書類は、すべて一七〇〇年以降の最晩年の著作である。益軒は晩年になるほど、これらの著作の執筆を自己の使命として強く自覚するようになった(1)。が、ともかくこれらの書には、教育や罰の「温和化」を説く文章があちこちに散見される。ここではまず、「わが国における最初のまとまった教育論書」(2)(石川謙)と評される『和俗童子訓』から引用してみる。

子弟を教えるには、どんなに愚か者で年がゆかず身分が低い者でも、甚しく怒り罵《ののし》って顔色や言葉を荒々しくして悪口を言い恥しめてはならない。このようにすれば、子弟は自分の身のほどを忘れて父母の戒めを怒り、恨み背いて従わず、かえって父子兄弟の間も不和となり、お互いの間柄がおかしくなり、(親の)恩を損なうに至る。ただ従容《しょうよう》として厳正に教え、何回も繰り返し、その後戒めるべきは戒めるべきである。これが子弟を教え人材を養う方法である(3)。

同趣旨の言葉は、漢文著作の代表作『慎思録』にも散見する。たとえば、この第一巻で人材を養う方法として、「厳粛従容、丁寧告戒、循々誘引」(4)の語を使っている。また、同書巻四では、

教戒規諫《かん》(教えいましめる)の道は、迫切であってはならない。迫切(切迫)ならば人は怒り

恚《うら》み、服従しない。子弟を教える時も悠々と導いて、幼稚なことを怒ったりすべきでない(5)。

これら益軒のことばにある、教育上の(1)罵倒したりする感情的教育法の否定、(2)親切・丁寧さと厳しさの両立などは、益軒の前後の儒者たちにしばしば説かれるもので、体罰否定の思想に近似した思想と言える。儒教古典にある「厳」とか「厳正」・「厳粛」とかのことばを体罰や罵倒の肯定や外形・形式の問題としてのみ考える考え方は、少なくとも近世のわが国では、多くの儒者によって排斥された（後述する細井平洲の項参照）のである。

また、益軒は体罰そのものについても言及している。たとえば『家道訓』に、

子弟に対しては言うまでもなく、下僕に対しても、その罪ある者を怒り悪言を言って卑しめてはならない。又打ちたたき恥しめ、犬馬のように卑しめてはならない。下僕も又、人の子であり、人間の仲間である。人倫の交りはこのように情《なさけ》がなくてはならない。卑しい者も人倫の道を以って使うべきである(6)。

また、『君子訓』下に、

人を殺し、家に火をつけて、公の財を盗むのは大罪であるから、その罪を犯せば必ず刑罰に処せられることは、いかなる愚民でも知っている。父母尊長を軽んじ、人を打擲し、偽りを言い、人の財を盗み、人の妻を犯す類もまた国の大禁である。しかし、右の三カ条のようには民は恐れない……（傍点引用者）。

この文中「国の大禁」と言われる根拠についてはいまだはっきりしない部分があるが、手元に所持する幕府の老中による「評定所における仕置の評議を分類した」（「まえがき」）『御仕置例類集』続類集(8)には、人を殴って、傷つけた場合の部門があり、殴っただけで罰せられる原則が早くから成立している。ともあれ、この『君子訓』の書かれた元禄一六（一七〇三）年は、綱吉政権の末期であり、「生類憐みの令」との関連が推測される。益軒の仮名交じり文の教訓書は政治的に危険視されそうな部分はまったくと言ってよいほどなく、平和で温和な体制讃美の雰囲気に満ちている(9)。後に彼は教訓書、教科書執筆の元祖的存在とみなされ、『女大学』をはじめ幾多の偽作書が出現することにもなる。それほど彼の著作は広く普及していた(10)。益軒思想が、天道信仰とも言える自然崇拝を背景としていること、その重要な一環として序列づけられた生物愛護の思想があることは、かつて私は明らかにしたが(11)、近年、塚本学氏の「生類憐みの令」関連の研究に接し、益軒のこの政策のイデオローグとしての側面を、つまり、「体制内的啓蒙家」に徹しようとした姿を予感しつつある。

梅岩とその弟子たち

益軒と並んで、あるいはそれ以上に近世庶民に思想的影響を与えたものに、「石門心学」の流派の人々の思想がある。その創始者梅岩が、四五歳の時に京都にはじめて自己の講席を設けたのは、享保一四(一七二九)年のことだった。

梅岩は、さきにもふれたように、現代人には信じられないような真摯かつ謙虚な求道者であり、弟子を多数集めるようになった晩年でも、弟子たちの再三の勧めにもかかわらずその苦労を気遣って下男や下女を一人も置くこともしない自炊生活者であった。些細な届け物にもいちいち丁寧な礼状を書く篤実そのものの梅岩が、弟子たちを打ち敲《たた》く様子など想像さえできない。しかし、打ち敲くことを非とする発言も今は見出しえないでいる。ただし、後にも述べる石門心学特有の灸のすすめ(12)にかかわって、次のように述べているのを見出した。

(一家の主人が)妻子や家内の者と対立して(争って)、思うようにさせない(ぜい沢禁止のこと)のを、可愛そうなことと言う人がいるが、これは大きな誤りである。家内のものはわが民である。わが民なるが故に真実に愛するのである。愛するが故に争っても(正しいことをしようとするのは）たとえていえば、寺子に灸するようなものである。逃げまわるのを騙《だま》し、とらえて灸をすれば、躍り跳ねつつ反《そ》り返り、「ああ熱い、もう悪いことはしない。父様、母様堪忍して下さい。」と泣き叫ぶ。親は涙を流し、歯を食いしばっても灸をすえるのである。これも争うに似ているが、（それとは全然違い）その子の病いをなおし、無事に育てるためである(13)。

この語は、後世まで広く行われていたような、「罰としての灸」を認めているように読みとれる。師の言行に忠実であろうとしたこの派の弟子たちにはこの語の解釈が問題となったのか、二代目教祖とも言える手島堵庵は「子どもが泣き入り、気を失い、かえって病を生じ死んでしまいそうでも、押えて据えるべきだと（梅若が）仰《おっしゃ》ったのではないであろう。元よりわが子の長生きを願ってする灸なのだから、時期のみはからいがあるべき事である」(14)と、このことばの解釈の穏和化をはかっている。

手島堵庵（上河家蔵）

二代目堵庵は組織者、教育者としての才に

恵まれ、この門流を「社会的教化運動にまで発展せしめた」原動力となった。堵庵について注目される点は子どもの教化運動に目をつけ、これをも組織したことである。『児女ねむりさまし』、『前訓《ぜんくん》』などの教訓書を著作・出版した。後者は安永二（一七七三）年二月以来、毎月三日男女の児童、七歳から一五歳に至る者を集めて講話し、家庭における生活や心がけを口語でわかりやすく記したものを講話のつど渡したが、それらをあわせて一冊にしたものである(15)。

この堵庵の著作には、月一回の灸の勧めとともに、体罰否定の思想がはっきり明言されている。たとえば、『前訓』では、「女衆《おなごしゅう》にても小童衆《でっちしゅう》にても、すべて御使いなされ候人をむごくし、別而《べっして》（特に）打ちたたきなどは、かたくなされぬものにて候」とある。

さらにこの文章には次のような説明が加えられている。

わが身をつねって人の痛さを知れと言うことが、手近い手本です。使用人も皆人の子です。だから、親があなたを可愛く思われるのと同じ事で、その使われる人の親はその子を可愛く思っています。だから、随分思いやりを持って使うべきです。その上、総じて人を打ちたたくことは決してしてはならないことです。その訳は、昔ある田舎の大家で手代が小童《でっち》を呵《しか》ると言って、別に考えもせずたたいたところ、打ち所が悪かったのか、その小童が即座に死んでしまい（困って）病気で死んだと偽りを言い、隠して置きましたが、その後偽りが露見し、殺した手代は死罪となり、主人の家は追放となったという話を聞いたことがあります。……かりにも人を打ちたたきなさる事は厳しく戒め、してはならない事と心得るべきであります(16)。

堵庵の弟子脇坂義堂（ただし、破門され、後に復帰）は、出版書が多く、「書による教化」で心学の大衆化にもっとも貢献した人物と言われている(17)。彼はその著『撫育草《ぶいくそう》（そだてぐさ）』で教育上の体罰の是非を正面から取りあげ、これを否定している。

幼稚の者を育てるには、厳しくするのが良いと言う人がいます。これも一理あるもっともの事ではありますが、やはり温和に育てる以上のことはないと考えます。……たとえば、悪い事がある時に強く折檻するよりは、良い事があった時に誉めてやれば幼い心にも喜んで……悪い事があった時だけ強く折檻すれば、幼い心にも心服せず、ただ折檻のみを恐れて、再び悪い事をした時は、その悪を深く隠して（親に）知らせなくなってゆくものです(18)。

「晩年は下総・上総の地で心学道話を講説し」たと言われる天保九（一八三八）年没の小町玉《ぎょく》

川《せん》(19)もその著『自修編』で、

孟子にある「古えは子を易《か》えて教う」というのは、父子の間は恩愛を主とするからである。（父が）自ら教え、厳重に善なることを要求し、強く是非を糾明し、従わなければ楚撻《そだつ》する（むちうつ）に至ることがある。これでは天倫の恩（天から与えられた親子関係の恩）を破ることになってしまう(20)。

と述べている。「小児を取り扱うこと、いかにも温柔を以てせよ」とも言っているし、玉川も体罰否定論者とみなしてよいだろう。石門心学者の流れを幕末まで辿ったが、総じてこの派の人々は、体罰のない温和な養育法を普及させようとしていたのである(21)。

ところで、ここに一つの問題点がある。それは、この門流の人々の一特徴としてさきにもふれたように、繰り返し「灸」の効用を説いていることである。しかし、それは梅岩や堵庵のことばにあったように、医薬水準の低い段階にあって、当時もっともポピュラーな健康維持法だったことを考えると、「体罰」と大げさに考えない方がよい場合が多いだろう。今日でもその有効性はほとんど疑われていない。

ただし、近代以後となると「お灸」は形骸化して体罰的色彩を強めてゆくと思われる。このこ

やんちゃかやまる　しはらくしづまる　その間に用がつとまる　持岳（もちあそ）びの手まる　ころんで溝へはまる　どろにそまる　しかられてちぢまる

灸〈きゅう・やいと〉（絵本『まる尽し』，『近世子ども絵本集　上方篇』岩波書店所収より）

とを印象づけられたのは、近代以後の少年感化教育の温和化に大きな足跡を残した、兵庫県土山学園長早崎春香(22)による次のような証言があるからである（大正三年）。

家庭、ことに下層の家庭では子供に対する切諌の一方法といたしまして、子供に対するお灸をすえる悪い風習がございます。私の方に預ります子供は殆ど全部灸痕がございます。しかも、そのお灸はすこぶる大きいものでございまして、私どもはその痕を見直すだけで熱いような気持がいたします(23)（傍点引用者）。

啓蒙家・随筆家たち

享保年間（一七一六～三六）頃から、社会的動揺を背景に弁舌の才と一定の教養（主として儒教）を背景に各地を巡り、庶民聴衆に影響を与えた「舌耕者《ぜっこうしゃ》」と呼ばれる「啓蒙」的な人々が登場した。実は石門心学者たちは、この代表的な人々でもあった(24)。

享保一一（一七二六）年刊の『百姓分量記』の著者常盤《ときわ》潭北《たんぼく》も、関東地方を遊歴したこの種の人物の一人である。この書の第二巻冒頭で、次のように論じている。

父が子を育てる（方法の）善悪によって、一生の賢愚・得失があるものだから、（教育を）疎かに考えてはならない。第一に、自分がぜい沢をせず、可愛がりすぎないよう堪《こら》えるべきである。……少し物心がつけば嘘と我ままを精出して教え、あるいは物を隠して気を揉ませ、家来などをうてたたけと指図し、勝つことを教え……成人の後に教えてきた通りの気ままな事をするようになり、自分の心にあわなければ折檻打擲し、あるいは勘当し、甚しきは殺害することもある。はじめに墨で染めたものを(後で)白くしようとするのに等しく、愚かなことである。……およそ不孝の本は幼少の時に我ままをさせたのが癖となって、親を恐れ敬う方法を知らないから、言う事を聞かなくなる。それを折檻すれば、僻《ひが》み根性になって不孝者となるのである(25)(傍点引用者)。

子どもの幼少期に家来・召使をたたかせる風習は相当広く存在したらしく、かなりの数の教訓書にこの風習を戒める文章がある。おそらく、子どもの恐怖感や人見知りを早く除こうとする戦国時代以前の戦乱期の武士の間に起った風習であろう。それはそれとして、この引用文では、折檻や打擲そのものを否定しているのかどうか疑問がないわけではない。著者は他の部分でも厳しい教育、厳しい師匠の必要性を強調してもいる(26)。しかし、折檻しないでもよいような幼少時からの正しい教育を期待していることは確かである。

『百姓分量記』出版の翌年には、仙台の紙屋の主人 頓宮咲月《とみやしょうげつ》の『家内用心集《かないようじんしゅう》』が出版されている。これには、使用人の体罰や殺害について次のように書かれている。

わけもない事に家内の者を叱り、あるいは不義・邪《よこしま》な事に下僕を打擲して苦しめ、時には殺害するなどのことは、(それが)一人といえども至って重大なことで、情のない不仁、不孝、不忠の極悪人と言えるであろう(27)。

殺害と打擲と同列的に論じるなど荒っぽい議論であるが、「打擲」を悪いこととしていることは確かである。

伊藤単朴は、著作物を通して庶民教化を考えた「談義本」作者の初期の一人と言われる(28)。彼の『教訓雑長持』は宝暦二(一七五二)年の出版で、体罰そのものに言及していないようだが、「貝原(益軒)の書……必ずつねにおこたらず読ませよ」(29)と言っている。談義本作者の元祖とも言える益軒の教訓書類はその死の直後、享保年間に続々と再版され普及していった(30)。益軒の教訓書の性格については、すでに詳述した。益軒の書などの普及を介して、この時代に至れば、体罰はよくないことであると、とり立てて説く必要性もあまり感じられなくなっていた、とも解される。

次に、この世紀の後半に成立した二つの随筆を取りあげてみたい。まず、明和六(一七六九)年に古稀《こき》（七〇歳）を迎えた際にまとめたと記されている中田竹翁『雑口苦口記《ざっこくこうき》』である。この巻之二に、子どもの教育法についてかなり詳細な意見を述べている。その趣旨を要約すると、次のようになる。

「子どもを育てる正しい方法があるのに、世の親は自分の慰みものにしている。子ども自身がいやがっても頭をたたいたりして流行の髪型にさせたり、食べたいとも言わぬ（大人にとっての）うまいものを無理に食べさせ、嬉しがるのを見て喜んだりしている。これは子どもにとっては大毒である。……子どもに生れつきの悪いところがあればしばらく許し、よい事があったらそれを適度に誉めて教えてゆけば、子どもは『直なる心』なのだから教えに従い、誉られるのを喜び、よい処がのび、悪いところは自然となくなるものだ。ゆめゆめ折檻して幼い者の心を傷めてはならない。かえって『ねぢ気もの』になって、隠れて悪事をするものだ。始め愛し過して悪くしてしまい、後になって折檻するのは、ことごとく親の我ままで、子を育てる本意を知らないからである。」

このあとで、「家来、召仕など、頭をたたき、棒を持て打敲く事、いささかもさすべからず、後後まで癖に成て我ままになるものぞ」とか、「小児は一生不自由なきように（ということは、すぐあとにあるように、「厳しく」ということ）教え立てるが親の慈悲なり、随分厳しく育るが、子への慈悲と知るべし」(31)などとある。この書は公刊されたことがなく、近代の江戸研究の祖ともいえる三田村鳶魚《えんぎょ》によって、たまたま活字に付されることになったが、今まで検討してきた江戸時代の所論の一集約点を示しているとも言える。

次に、江戸深川に住んだ儒者小倉無隣の随筆『牛の涎《よだれ》』(一八巻)をみてみたい。まず、前編第二(巻)に「父母の大慈悲とは、子を厳に扱い甘やかさないのが大仁である」(32)とある。後編第三には「親子兄弟夫婦をはじめ、諸親類にやさしく、召使の者に至るまで憐れみを加うべしというのは、天下人民の人道であって……」(33)とある。注目すべきは、後編第五で「妻子、奴婢も天下の民である。これを扱うのに礼儀を乱してはならない。『孔子家語《けご》』にもこの意味のことが説かれている」(34)とあることである。後述(九二ページ)のように、『孔子家語』はおそらく中国でもっとも早く体罰の否定の立場を明確に説いた書である。彼が「『孔子家語』にも……説かれている」とするのは、このことを指しているのである。ちなみに、藩校の中級段階に移ってはじめての教育課程には『孔子家語』が取り入れられていることが多かった。ここでも「厳」であることと温和な教育法、あたたかい使用人の扱い方の両方が説かれており、この書の影響力は大きかったらしい。

公刊されなかった二人の知識人(と言っても、後者が格段と教養水準が高い)の教育論が、たまたまほぼ同様の構成となっているのは、識者の間の定説的なものが何であったかを示していると言いうる。ただし、この頃から多量に作られた手習教科書(「往来物」)中の教訓的文章には、サボったり行儀が悪かったりすれば、師匠より「竹篦の沙汰あるべし」(たとえば、「手習制詞壁書　今時登山児童子手習制詞条々」『童訓往来新大成』安永八〈一七七九〉年)などのことばがよくあるが、これは子ども向けの脅し文句と考えるべきである。

友山・北海・平洲・子平

江戸中期の兵学者大道寺友山(一六三九〜一七三〇)、漢詩人として「三都の三北海」(大阪・片山北海、江戸・入江北海、京都・江村北海)の令名があった江村北海(一七一三〜八八)、名古屋藩儒として名声の高かった細井平洲(一七二八〜一八〇一)、鎖国体制への警告の書『海国兵談』で有名な仙台の林子平(一七三八〜九三)は、それぞれ体罰の是非を論じている。いずれも現代まで著名であり、当時の第一級の知識人といってよいだろう。

大道寺友山の『武道初心集《しょしん》』は、幕末に水戸藩や松代藩で尊重されはじめるまで出版された形跡がなく、写本も少ないので一八世紀に影響を与えた範囲は限られていたと思われる。しかし、この中で武士道に関連づけて、家族(妻女)に対する体罰を「臆病武士の仕業」と激しいことばで非難していることが注目される。

武士は、わが妻女の身の上に心にかなわない事が生じたら、道理を説明してよく納得するように教え、少々のことならば許し、堪忍するのが良い。しかし、もともと気だてが悪く、結局役にたたないと思うほどならば、一思《ひとおも》いに暇を出し、親元へ返すのが良い。しかしそのようにせず、わが女房と定め、奥様・かみさまと人にも言わせている者に対し、高声をあげ、種々悪口雑言に及ぶのは、街中のやとい人足の類では、仕方がないとしても、騎馬にも乗る（大体三百石以上）武士の決して行うべき事ではない。まして、腰刀などをひねくり廻し、あるいは握り拳の一つもあてるなどということは、言語道断のことで、臆病武士の仕業である……総じて、自分に手向いのできない相手とみて理不尽のやり方に及ぶようなことは、「猛き武士」は決してしないものである。「猛き武士」が嫌ってしない事を好んでする者を臆病者と言うのである(35)。

日本武士のフェアプレイの精神、面目躍如たるものがあると言えなかろうか。

江村北海は、儒者として著名な福井藩儒・伊藤龍洲の次男で、兄伊藤錦里・弟清田儋叟《せい(きよ)たたんそう》も著名な儒者であった（姓が兄以外は異なるのは、二人とも養子に行ったから）。京都では伊藤仁斎一家と並び称された学者一家である。北海の『授業編』は教育論書として著名であるが、この書で、自分は教育上の体罰は「好まない」という言い方をしている。

書を授けるのに、父兄の膝もとへ引きつけて厳格に授け、覚えない時は呵《しか》ったり、あるいは打ち叩いたりするのは、悪い教え方と言うわけではないが、私はそういうやり方は好まない。その訳は、(教わる)小児はつまるところ、いまだ弁《わきま》えがないので、書を読むことは難儀なことと思っても、読まないと父兄に叱られることが恐ろしいために、しかたなく読むということになって、その本心では書籍を厭うようになり、これが学業不成就の根となる。大いに良くない事である。

こののち、こういう方法ではなく、土産などにもらう絵本(絵草紙)を与えれば、子どものことだから「画説《えと》きせよ」とせがむから、それを機会にしだいに道理を説き聞かせてゆく方法が本嫌いにならなくてよい、と勧めている(36)。

ところで、弟の清田儋叟の『孔雀楼筆記』が森銑三氏の部分訳で世に出ており、この中に体罰を行う「南舟先生」の話が載っている。一八世紀初頭の手習塾(寺子屋)の様子を伝えるものとして貴重な資料であるが、ここでは罰や体罰に関するところのみ抜き出してみる。

先生のいる所は路次の内で、町通までは十数町あった。その日の当番が町通の入口にあらかじめ控えていて、童子らが固まっていたづらして帰った時には叱って止めさせる。それでも聞かぬ時は、当番が先生に告げ、罰として（出席？）日数と席とが下げられる。

上の弟子の威権が甚だ重くて、大抵のことは先生に代って指図する。それでこれを選ぶには、先生も大いに意を用いられて、然るべき者を選ばれる。

細井平洲（渡辺華山筆，小尾菊雄氏旧蔵）

先生の座辺に一本の竹篦《たけべら》が置いてあって、童子が悪さして指図に従わぬ場合は、高弟が叱り、先生が叱る。それでもなお止まぬ時には、先生が竹篦を以て「責罰」を行われる。

この先生は「その童子を教える掟が、世間一般の師匠達と大分変っていた」(37)とあり、この体罰のこともそのうちに入るのかどうか、文章上はっきりしない。ともあれ当然のことだが、体罰を行う師匠もあったことの一事例として、（また、五歳年長の北海も少年時代弟と一緒に通ったかも知れない塾のことなので）紹介してみた。なお、念のため付け加えておくが、北海が論じていたのは家庭内での父子の素読教育（ただし、当時はそれが武士の漢文初歩教育の一般的形態であった）についてであり、寺子屋の体罰を論じていたわけではない。

細井平洲は一七世紀後半の米沢藩、尾張藩の「藩校の再建と郷村教化制度の設定」を軸とした藩政改革の指導者として大活躍した人物である。彼の活動の一大特徴は、矛盾の激化しつつあった農村を巡回講演しつつ、（赤飯の施しの魅力などもあったようだが）一日に数千人から二万人に及ぶ農民・町人を集め、その講演内容に聴衆が感動し、しばしば感涙に耐えないというようなシーンを現出させる、講話の名手であった点にある。この秘訣について、平洲自身「教ゆる人は民の泣かぬ内から涙を流し申し候人にて御座無く候ては、民は泣き申さず候」と述べている(38)。今日的にみれば何か作為的でいやらしくも感じられるが、昔の人は日常生活でもよく泣いたと言われることも考慮すべきだろう。ここでは、平洲の人物論はしばらく置き、彼の体罰関連の語をみてみたい。『嚶鳴館《おうめいかん》遺草』巻三「もりかがみ」に、

師長の厳なるを尊ぶとは、教え方を厳正にして、子弟に怠慢（の心）が生じないようにすることである。顔を四角張らせて臂を張り、鞭朴（むち）を持って、過ちがある場合は責めようと意気ごむことを厳にすると言うべきではない(39)（傍点引用者）。

林子平（菅井梅関筆，1844，早稲田大学図書館蔵）

これまでしばしば出てきた「師長」は「厳」であるべきとする考え方は、儒教の古典『礼記』学記（篇）に基づいている。この考え方は、ある意味で今日にも通じる普遍性高い真理であるが、平洲はよくある誤解を正して（というよりは、当時の日本人の感受性を敏感に察知して）はっきりと読みかえていったと言えよう。なお「つらつらぶみ君の巻」（『嚶鳴館遺草』巻五）でも「古えの聖王賢君は妊娠中より胎教を受け、下々の父母兄弟のごとく罵り、うちはたきをせぬまでにて」[40]（傍点引用者）油断なく教育されたから、聖主賢君になったなどと述べている。

林子平は、故あって士籍を削られた教養ある幕臣の子として江戸で育ち、姉が仙台侯宗村《むねむら》の側室となった縁で仙台藩士に取り立てられた兄に従って、仙台に移住した。生涯仕官できず不遇に終ったが、太平の世にようやく急を告げはじめた国防問題への警鐘を乱打した『海国兵談』を予約出版し、寛政改革の立役者松平定信に罰せられたことは、周知の通りである。しかし、ここで重要なのは彼には妻子がなかったにもかかわらず、「教育は彼の思索活動の当初からの中心課題であった」(41) ことである。

彼の生涯最後の著作『父兄訓』は、その序文で「異国でも日本でも子弟を教え戒める書は数々あるが、子弟を教える教え方が親に伝えられていない」(42) から、その教え方を自分は書くのだという趣旨のことを言っている。ここで言う「異国」を中国（や朝鮮）とすると、彼の指摘は教育方法史上貴重な指摘となる。東洋の教育論は、教育論というより圧倒的に学習論であったからである。これについては別稿でふれた(43) ので省く。「異国」を西欧も含めるとすると、彼の認識不足ということになる。西欧の教育史は教え方の歴史と言ってもよいくらいだからである。ただし「唐山も大和も」ということばで、『父兄訓』の本文中でも同様のことを語っている(44) ので、前者の意味のはずである。

ともあれ、彼の教育方法論への関心のあり方は、次の文章でよくわかる。

道を知らない父がその子を取り扱う方法が二つある。一つはその子の善悪・邪正に少しも心をかけず、ただ愛しに愛するのみで、十九、二十歳に至るまでも「坊」と呼んだり……我まま一ぱいに育てることで、それゆえその子は道知らずに育ち、そのうちに悪に染りやすくなり、ついに無頼人となってその子を捨てる（と同じ）ことになってしまうのである。もう一つは、折檻して叱り敲く事をのみ子を育てる道と心得て、事ごとに叱り、事ごとに詈《ののし》り打ち敲くのである。叱られて泣き、打たれて逃げる間はまだよい。その子が十歳以上になりプライド(「人意地」)がつくに従って、叱られれば怨み、打たれれば怒って父子の間に確執を生じ、ついに不孝の所業をすることに落着して、その子を捨てる(と同じ)ことになるのである……(45)。

これによれば、「罰り打ち敲く」親もかなりいたことがわかる。ともかく彼は「打たず叱らず」(46)の理想的な教育方法を創出しうると考えていたのである。この理想的教育方法では、父師の感情的行為も強く否定される。子弟に対する感情的な対応を良しとしたり、已《や》むをえないとする知識人の論調は、わが国の近世社会ではほとんど存在しない。しかし、子平はそういう中でも、こういう行為を自尊心を傷つけるものとして、特に排斥するようにみえる。なお、彼の刑罰に対する考え方はといえば、この教育方法論とは対照的に厳罰主義であった(47)。

以上、一八世紀の体罰論の大勢をみてきたが、この時期の体罰論調を締め括るものとして、安永四(一七七五)年に来日した、スウェーデン出身のオランダ東インド会社医官で植物学者であったツンベルクの次のことばがふさわしいと言えよう。

彼等(日本人)は、決して児童を鞭《むちう》つことなし。……(日本では)ヨーロッパの文明国民の往往児童に課する如き残酷苛烈なる罰を、かつてみたることなし(48)。

しかし、この時代はまた、体罰肯定論が再び台頭しはじめる時代でもあったのである。それは次節で扱うテーマである。

2　肯定論の再発生の時代――一八世紀後半から

新しい時代

いわゆる田沼時代(一七六七〜八六)を中心に、一八世紀の後半は「士風の廃頽」、「風俗の淫靡」の状態が、江戸を中心に蔓延してくる。当時の多くの識者は嘆かわしい時代としたが、今からみれば「新気運の潮流」が胎動しはじめた、社会の構造的変革期であったとも言える(49)。この時代の諸相は、「時代のスナップ写真」とも位置づけられうる川柳・雑俳にリアルにかつ可笑しく描き出されている。川柳の源流として注目されている『武玉川《むたまがわ》』の初編の出版は寛延三(一七五〇)年、終刊は安永五(一七七六)年であり、川柳集『柳樽』の初編の出版は明和二(一七六五)年である。その黄金時代とされる二四篇までは、寛政三(一七九一)年までに発行された。すなわち、ちょうど本節にかかわる時代が詠まれているのである。江戸庶民の実態を描いたこれらの句から、体罰関連の句を少し拾ってみる。

握り拳は　母の奥の手　武玉川　2・24
憎まれ子　握り拳に食いあきる　武玉川　6・17
土蔵へ入れし　母の荒事《あらごと》　武玉川　12・8
子の灸を　すえて四五日憎がられ　柳　樽　7・37
ぶつまねは　握り拳に息をかけ　柳　樽　14・16
折檻を　しかけ笑いにばばあ（婆）出る　柳　樽　20・12(50)

最後の句は、親が折檻しようとしたところへ、子どもを可哀相に思う祖母や近所の年寄が気をそらそうと、笑いながら出てくるというものだろう。いずれの句も子どもの養育に手を焼きながらも、欧米などに比べるとあまり手荒、陰惨なことはしないでいることがわかる句である。

しかし、当時の社会は、エリートであるはずの（特に下級）武士の経済的逼迫、それによる御家人株の町人への売買の隆盛(51)など、固い身分制は事実上崩壊に向かいつつあり、それが川柳にも堂々と詠まれ、嘲笑の対象になっている。妾奉公は公然化し、数人の旦那をかけもちする場合（「安囲い《やすがこ》」）もあった。私娼窟は公然化し、男娼専門のそれ（陰間茶屋《かげま》）も繁栄した。こういう事態を粛正しようとしたのが松平定信の寛政改革（一七八七〜九三）であったが、定信が失脚するとまた元に戻り、事態はさらに悪化していった。

徂徠と梅園

荻生徂徠が日本の思想史上特異な人物であることは、今日ではよく知られている。特に丸山真男『日本政治思想史研究』(52)によって、「自然的秩序の論理の破壊工作」者、「作為」の論理の創出者(53)として位置づけられたことは、思想史研究者には広く知られている。

徂徠の著作は明快でリアルであり、現代人にとってもなるほどとそのまま領《うなず》ける内容が多い。しかし、教育の理想という点から考えると、その現実主義に「待てよ」と立ち止まらされる。徂徠は、民衆は愚かであり愚かのままでよい、為政者がうまく導いてゆくことだけが重要であると考えている。「武士を田舎で育て、幼少の内は心のままに跳ね歩かせ、智恵の遅く開くのを構わずに置いたならば、大能力の人が出て来るであろう」(54)と言うのも、武士全体の理想的教育さえあまり考えておらず、武士中の有能者（それは先天的なものとされる）の、その能力の自然的開花を待ち望むということと受け取れる。

また、為政者の任務は、どんな方法をとっても、先を見通して全体を平穏に導いてゆくことであるとして、それを形容したことばに、「父母が子を育てるのに敲きもする。折檻もする。欺《だま》し

荻生徂徠（荻生家蔵）

もする」(55)のと同じことであるとある。これは、敲くことや折檻すること、欺すことを、それ自体としては否定しない相対主義の立場である。大目的が正当であり、かつ敲き、折檻すれば大目的にかなうようになるとすれば、大いに敲き折檻せよということにもなる。一七世紀の中頃には徂徠学はかなりの共鳴者を得ていた。徂徠学派の学者には、前節まで述べてきた世論の大勢に抗して、体罰肯定論を堂々と説く人物が出ても不思議ではないのである。事実、徂徠学の系統から海保青陵（後述）のような、積極的な体罰肯定論者が出現した。それは項を改めて述べる。

徂徠に次いで注目されるのは、宝暦年間（一七五一〜六三）に九州の片田舎で私塾を開いていた三浦梅園の場合である。彼は、自然の「条理」の解明に没頭し、「近世日本が生んだ最もすぐれた哲学者」(56)と言われ、その研究者も多い。しかし残念ながら、この塾での教育実態を語ってくれる残存資料はきわめて乏しいようである(57)。ただし、わずかに残る「塾制」には、体罰の規定があり、本書の観点からすれば、見逃すわけにはゆかない。すなわち「杖」という項目に次のように記されている。

よくよく生きとし生けるもの（生物）をみると、親子の恩愛、雌雄の想い、生を惜しみ死を恐れることから喜怒哀楽に至るまで、人に備わるものは生物にも備わっている。しかし、物を羞じる心だけは、人間以外にはないと思われる。だから、人と動物と異なる点は恥を知るより大なるはない。私は不肖の身でありながら、人の「掌上の珠」（子どものこと）を預かることは、恐れてもなお余りある（重大な）事である。畜生は言葉で使うことはできない。ムチを恐れ、苦痛を恐れるために人間に使われる。今、諸君は堂々とした五尺の身体をしているが、それは父母の遺体である。（諸君は）耳で聞くことができ、智が有るから判断することができる。私の口から出る言葉は諸君の心に（直接）入（り、理解でき）るものなのである。どうして牛馬のようにムチで御すべきであろうか。（御すべきではない。）私が昔から杖を用いないのは、（諸君が）牛馬ではないことを知っているからである。しかし、一つの杖を設けておく。長さは三分に満たない。それは非法を禁ずるためである。人の皮膚を損なおうとするのではない。ただ人の恥ずべき事を（したと私が）知った時は、事々に叱るであろう。まして、人の蔵の中のものをうかがい、あるいは垣根を越え穴をあけ、あるいは人の貨財を欺し、あるいはばくちの類をするなどは、とんでもないことである。千に一でも、蔵をうかがい垣根

三浦梅園（三浦家蔵）

を越える類の人が有れば、それを知りえた人人は善行を勧めあう日に、机上や座布団の上に（杖を）置くべきである。「不言の責め」である。なお已《や》まない場合は私に手段がある。したがって、わが杖は羞悪《しゅうお》の心を失った人に用いるのだから、私に身を終るまでこの杖を取らさせないことにしてほしいものだ。諸君、恐れ多いことだ、羞悪の心を失うことのないように(58)。

彼は別のところで「いとおしき子を杖にて教えよとは、道にかないたる諺なり」(59)と述べているように、体罰肯定の方にその思考の針は傾いている。彼の子ども観はというと、子どもを「天然の真」と認める東洋的性善説の立場に立ってはいる。しかし、その内側からのみの発展・発達は、「蔽」害に陥ることが必然的であるから、ほとんど不可能であるとする厳しくリアルな眼を持っていた(60)。そこに時代の複雑さが反映しているように私には思われる。それにしても、梅園の訓戒は理論的かつ細やかである。そこに自然科学者としての慎重かつ冷静な梅園の性格を感じとれる。

肯定論者・青陵

今まで取りあげてきた人物は、多かれ少なかれ教育思想家としての側面が知られ、多少の研究はされてきた人物である。しかし、海保青陵（一七五五〜一八一七）については教育思想家としてまったくと言ってもよいほどに、取りあげられることがなかったのではないか。彼は今日では、前近代の末期にあらわれる重商主義者として、主として経済史家に注目され、最近では思想史家にも注目されているが、経済思想家としてもようやく明治の終り頃に再発見されたにすぎない。

青陵の学説で注意される点は、徂徠学の系統を引いていること、青年期に蘭学者として名高い幕府医官桂川家に寄遇し、はじめて顕微鏡を医学に応用し、『解体新書』の翻訳にも加わった桂川甫周と「竹馬の友」であったことが挙げられる。また、一八世紀末から一九世紀初頭にかけて各地を遊歴し、寛政改革前後の変りゆく世相をつぶさに見聞し、改革方針などを助言・討論してきたことも重要であろう。自ら「国を経たる国三十、儒者に逢たること数百人」と言う通り、社会的実体験が特に豊富なのである。晩年の約一〇年間は京都に定住し、著書の多くはこの時期にまとめられたという。

徂徠の流れをくむ青陵の説は、その豊富な実体験にも裏づけられているせいか、話題が豊かでしかも現実的である。以下、教育論にかかわる部分を体罰論との関係でみてみることとしたい。

彼は、賞罰の問題に強い関心を示している。しかも伝統的なものである罰よりも賞をよしとする思想に対し、これを逆転させようとする。「無精《ぶしょう》なるものに努力させようと思えば、刑（罰）より良いことはない。賞はその次である」と。そして、枢密賞という褒賞制度を勧めているが、それも結局、「賞にて刑を行う」方法であるという。その理由はといえば、「功のある人を賞して、功のない人を賞さないのは、（賞されない人にとっては）刑である」からである(61)。

このような主張の背景には、飢饉や社会的混乱を収拾してゆくには、どういう方法であっても、とにもかくにも民衆全体を政策のよき遂行者として動員してゆかなければならない、という認識があるからである。そして、その方法は必ずしも民衆の同意は必要としない。百姓も武士も、利益をみせつければ人は自然にそちらを向く。そういう方法を縦横に駆使して、何はともあれ将来の経済的繁栄に導入してやるのが為政者の任務である、と彼は言う。

> およそ百姓も武家も鼓舞しなければ動かない。いゝうまみを見せなければ、どのように結構な智恵・智識を売ってやってもそれを用いようとはしない。いゝうまみを知れば浮かれ（て動く）に違いないのだ(62)。

また、

灸を据えるという事を子どもに相談すれば、皆いやだと言う。灸を据えないのが良いという人があれば、子ども（自身）は据えさせない人が仁人であると誉めるのである。灸を据えれば大体子どもの徳《（ママ）》になるのに、子どもはその時が熱いから灸をいやだという心理を、いつも民衆を扱う人（為政者）は知っておくべきである(63)。

したがって、「(当面)民を少し苦しめることになっても、結局は安楽になるのが良いのだ」(63)である。なにか高度経済成長政策やその修正期の立案者の本音を聴くようであり、現代の親たちの子に対する態度の自己弁護のことばを代弁してくれているようではなかろうか。

こういう思想からすれば、子どもに手習いや学習をさせることが、将来の本人の幸福につながることはわかりきっているのだから、体罰によってでも、ともかく能力をつけさせることが必要ということになる。本音はともかく、現在でも日本人にとっては公言するには憚られる考え方を、青陵は江戸時代にあって堂々と表明しているのである。

子どもも民衆も智のないものである。智があれば刑（罰）を用いる必要はないが、智がないがために折檻をし、刑罰をするのである。たとえば、十歳以下の子どもを祐筆(文書を司る職)にしようというのは無理なことである。ただ手習いをしなければ、縛る、むち打つという外はない。子どもは智のない者だからである。生長した後は、手習いしなかった時に縛ってくれたその人の恩を忘れられぬようになるのである。もしその時に捨てて置かれたら、今に至ってはさぞさぞ苦しい境遇に陥っていただろう、と思うものだ(64)。

別の書でも、同様のことを述べている。

父母が子を愛するのは、子が喜ぶようにするということばかりではない。子が喜ぶようにばかりすれば、子は気まま者になり、気まま者になれば飢寒に苦しむ(境遇の)者になるから、父母が子を愛するというのは気ままなことをさせないことである。子がいやがっても朝は早く起し、手習い・十露盤《そろばん》を稽古させるのである。聴かなければ、縛って殴る、それも皆愛することより出たことで、大いに折檻されても、その子も(結局は)父母を愛するものである(65)。

従来の論者は、子どもを厳しく育てるべきだとする点では、ほとんど一致していた。しかし、折檻することは、親子の感情を損ね、子どもの性格を表裏あるものにするとして、大体否定的であり、他方で両者の「兼ね合い」の難しさに深入りする論者はほとんど存在しなかった。青陵の場合、感情の問題、特に殴る者自身が感情的になる場合がほとんどであるが、このことを教育の問題としてまったく考慮していない。これが青陵の性格・気質によるのか、自ら子の養育にあたった経験がないと言われるが、そのことによるのか、あるいは時代の切迫によるのか、蘭学の影響もあるのか、判断が難しい。ともかく、日本でも同時代の最高級の知識人に、ついにここまで言い切る人が出現し、その説に同時代の多くの人が耳を傾けたということに、思想史上の重要性があろう。

青陵は享和元(一八〇一)年、細井平洲の大病の代役として(平洲はこの年病没)三年間尾張藩江戸藩邸で儒学を講じたことがある。本書の観点からすれば、一八世紀から一九世紀の体罰に関する思想的雰囲気の変り目を象徴するできごとのように思われる。

陽明学者たち

一九世紀になると、社会は急激に複雑度を増し、社会・教育問題への発言者も、多様・多量になってくる。

体罰(思想)史という観点から体罰肯定論者という点でもっとも注目されるのは、おそらく大塩平八郎（一七九三〜一八三七）であろう。実証的学風で名高い幸田成友（文学者、幸田露伴の弟）の初期の力作『大塩平八郎』には、洗心洞塾への入学の際の八ヵ条の誓約が紹介されている。このうちの三ヵ条に体罰の規定が明文化されている。その三ヵ条を抽出すると、

第二　躬《みずか》ら孝弟仁義を行うを以て問学の要とす。故に小説及び雑書を読むべからず。若し之を犯せば、少長となく（年齢にかかわらず）鞭朴《べんぼく》若干を加うること。

第三　毎日の業は経業（経学）を先にし、詩章を後にす。若しこの順序を顚倒せば、鞭朴若干を加うること。

第五　寄宿中は私に塾を出入するを許さず。若し某（大塩平八郎）に請わずして擅《ほしいまま》に出づる者あらば、帰省であっても赦し難く、鞭朴若干を加うること。

また、この点について幸田は、「（弟子であった）吉見九郎右衛門の訴状に、中斎は意念の不正を懲らすため、長幼の差別なく、折々杖をもって打擲したとあるから、『鞭朴若干』とあるのは実際に行ったと見える」と書いている(66)。彼がもっとも影響を受けた陽明学は、後述するように（九七ページ以下参照）本来体罰否定の思想と言ってもよいが、この点では大いに異なると言ってよいだろう。

陽明学者といえば、幕末の官学（昌平坂学問所）儒者として令名高かった佐藤一斎（一七七二〜一八五九）のことが気になる。彼は「陽朱陰王」（表面では朱子学、内心は陽明学）と言われた。幼児期は相当の腕白だったらしく、次のような話が『言志晩録』にある。

林述斎先生がある時、「君（一斎のこと）が七、八歳の時、もらった活きたままの香魚《あゆ》をもて遊んだので私はこれを叱った。君は私のいない時を見計らってひそかにきて、香魚を全部ひねり殺してしまった。私は怒って君をげんこつで打ったところ、君はわいわいと泣いた。（君は）幼い時の小賢しいこと、こんな状態だったのに、今は道学先生となっている。」と言われ、ひと笑いされた。私はこの話を聞いてびっくりした。ほとんど「邯鄲《かんたん》の夢」の中のような話であった(67)。

林述斎といえば、一斎より四歳年長の林家中興の大儒である。彼にしても子ども時代には年少者に体罰を加えることがあったことが知れて面白い。

なお一斎は、「父道は厳を尊ぶべきだ。ただし、子そだてのはじめは、自然に従ってうまく導くべきだ。助長（無理にひきあげる）して（子どもの）生気を損なってはならない」(68)としつつも、「私は往々事が意にあわない時は、すぐ暴怒することを免れることができない」(69)と言っている。

吉田松陰（『吉田松陰』岩波新書より）

彼の体罰論は残念ながら主著『言志四録』の著作群からは見出せないようである。幕末・維新期の思想に影響力の大きかった人だけに、さらに究明する価値がある。

もう一人、陽明学の影響を強く受けた人物では、吉田松陰（一八三〇〜五九）の思想とその幼少時の体験が気になる。松陰は、その註釈の書『講孟余話』で『孟子』離婁・下の孟子のことばを解説して次のように言っている。孟子の本文とともに紹介すると、

孟子は次のように言っている。「徳の具わっている者は徳の具わっていない者を養うものであり、才能のある者は才能のない者を養うものである。だから、人は徳や才能の優れた父兄がいることを楽しむのである……」

これに対する松陰の註釈は次の通りである。

養うの一字最も心をつけて看るべし。（後漢・趙岐の）註に「養うとは涵《うるお》し育て、薫陶すること、その自化を俟《ま》つ」とあり。涵はひたすなり、綿を水にてひたす意なり。育は小児を乳にて育てる意なり、薫は香をふすべ込むなり。陶は灶《かまど》にて焼堅むるなり。人を養うもこの四つの者の如くにて、「不中不才」（徳、才能のない）の人を縄に縛り杖に策《むち》うち、一朝一夕にて「中」ならしめ、「才」ならしめんとには非ず。……人の上となりて政を施すも、人の師となりて教を施すも、一の養の字を深く味わうべし[70]。

妹の回顧談によれば松陰は、幼少時、実父と叔父から、「三尺の童子に対するものとは思われざる」[71]厳格な教育を受けたという。しかし、彼の運営した松下村塾の規則では罰としては「坐禅その他の罰があるが、実際には、罰を与え又受けたものはなかった」[72]と言われる。

西洋人の眼

来日した西洋人が、日本の教育や体罰をいかにみていたかは、比較史的観点からもきわめて興味深い。ここではツンベルク（六八ページ参照）以降の著名な記録を、石附実『教育博物館と明治の子ども』[73]などを参考にして紹介してみたい。

まず、有名なドイツ人で長崎出島オランダ商館医師シーボルトの『シーボルトの最終日本紀行』（一八五九、安政六年）のものから。

「西洋にある様な、学校の処罰は少しもなく、その上我国の様に、先生から体刑を受ける様な日本の門弟は、是がために不名誉となって恐らくはその家庭から放逐されてしまうであろうし、又学友の眼には悪人となるであろう。児童教育にあっても、少なくとも知識階級には全然体刑は行われて居ない、是がため、私は我国で非常に好まれる鞭刑を見たことがなかった」(74)（傍点引用者、以下も同じ）。

幕末のイギリス外交官オールコックの『大君の都』では

「(日本人は) 決して子どもを撲《う》つことはない。文化を誇る欧羅巴《ヨーロッパ》の国民が、哲学者たちの賢明なる注意を他《よそ》にして、その子どもたちに盛んに加える、この非人道的にして且つ恥ずべき刑罰法を、私は日本滞在中見たことがなかった」(75)。

『日本事物誌』(76)の著者チェンバレンの場合は、もう少しつっ込んだ叙述をしている。

「日本は『赤ん坊の天国である』と言われて来た。……子どもたちのかわいらしい行儀作法と子どもたちの元気な遊戯が、日本人の生活の絵のような美しさを大いに増している」(77)。

また、すぐ前に引用したオールコックについて、

「サー・ラザフォード・オールコックは日本についてもっとも辛竦に書いた一人であるが……しかし彼は日本人は『世界でもっとも勤勉で親切で気立てのよい三千万の国民』であることを認

めている」(78)。

と述べている。ただし、「煙管」と題して、

「大衆階層では、時には家庭内の鞭(煙管《きせる》)を使うこともあるという事実を暴露しなければならない」(79)。

とも述べている。

イギリス軍艦の艦長として一八七五(明治八)年に来日したブリッジも、本稿の主題にかかわる重要な証言をしている。

「日本は、男が決して癇癪《かんしやく》を起さず、女と子供は常に穏やかに扱われる国と思われる。そしてごく普通の労働者たちがたまたま突きあたれば、お辞儀をして許しを乞い、スポーツで動物たちに苦しみを与えることもなく(競馬や闘牛のことを言っているのだろう)、あらゆる侵入の防禦には紙のスクリーン(障子のこと)一つで十分な……国であるようだ」(80)。

イギリス人を中心としたこれら来日西欧人の観察記録の日本の温和な子育てへの讃美は、産業革命が進行し、工業化が生み出した諸矛盾を目撃し「自己の文明の醜悪さ」や「それが貪婪《どんらん》に古き良きものを食いつくしてゆく危機感」の裏返しの美化、すなわちノスタルジア(郷愁)があるということも注意しておかねばならない(81)。しかしもちろん、真実の一面をも含んでいたことは、すでにみてきて思想史的背景からも読者は容易に了解されるであろう。

1　以上については、拙稿「貝原益軒の通俗書・教訓書出版活動と天道思想」（原載、日本教育史研究会『日本教育史研究』創刊号、一九八二年、拙著『「勉強」時代の幕あけ』〈平凡社、一九九〇年〉所収）および前掲拙稿「新儒学の……」で、やや詳しく検討した。

2　同氏校注『養生訓・和俗童子訓』（岩波文庫、一九六一年）解説。

3　『益軒全集』巻之三、一八九ページ。

4　同右書、巻之二、二一ページ参照。

5　同右書、巻之四、七五〜六ページ。

6　同右書、巻之三、四四〇ページ。

7　同右書、巻之三、四一四ページ。

8　石井良助編、名著出版、一九七三年。たとえば弐拾五之帳「侍、出家、社人、御用達、町人、小もの等之部」人殺・疵附・打擲・狼籍等之類、参照。

9　前掲拙稿、「貝原益軒の……」一五〜七ページ参照。

10　今田洋三『江戸の本屋さん』（日本放送出版協会、一九七七年）参照。

11　前掲拙稿、「貝原益軒の……」一五ページ参照。

12　乙竹岩造『日本庶民教育史』目黒書店、一九二九年、四六〇、四八四ページなどで、すでに指摘されている。

13　『斉家論』（『石門心学』岩波日本思想大系）一六ページ。

14　『女冥加《みようが》解』（柴田実編『増補手島堵庵全集』清文堂、一九七三年）一九〇〜一ページ。

15　柴田実「石門心学について」（前掲『石門心学』）四七九ページ参照。

16　前掲増補全集、七七ページ。また、一六五～六ページ（『我津衛《わがつえ》』）も参照。
17　三好信浩『日本商業教育成立史の研究』風間書房、一九八五年、一七一ページ参照。
18　前掲『子育ての書』2、二八六～七ページ。
19　同右書、一六〇ページ参照。
20　同右書、一六四ページ。
21　省略したが、堵庵の代講となり関東に心学を広めた中沢道二にも体罰否定の言がある。今井淳『近世日本庶民社会の倫理思想』理想社、一九六六年、一六七ページも参照。
22　早崎春香については、重松一義『少年懲戒教育史』第一法規、一九七六年、三九四～九ページ参照。
23　「児童に対する罰の反響」（雑誌『救済研究』二巻一二号）八九ページ。
24　中村幸彦『近世町人思想』「解説」岩波日本思想大系、四三三ページ参照。なお、ここで言う「啓蒙」は、言うまでもないが、一八世紀後半西欧に風靡したそれとは異質の「啓蒙」である。念のため。
25　同右書、二五一ページ。
26　同右書、二五九ページ。
27　『日本教育文庫』訓誡篇下、一七九ページ。
28　『近世町人思想』四三五ページ。
29　同右書、三五九ページ。
30　『国書総目録』で、これらの書の再版と普及の状況はほぼ推測できる。
31　三田村鳶魚編『未刊随筆百種』第八巻、中央公論社、一九七七年、四三六～七ページ参照。
32　森銑三ほか編『随筆百花苑』第六巻、中央公論社、一九八三年、一四九ページ。
33　同右書、二三二ページ。

34 同右書、二四七ページ。

35 前掲『日本教育文庫』訓誡篇中、三二四～五ページ。なお、わが国最初の武家法『御成敗式目』は、江戸時代を通じて、教科書（往来物）として多く出版・使用されたが、この中に「人を殴《うつ》」ことが人の恥辱感を高め、殺人にも結びつくのでしてはならないとするくだりがある。武士が他人を殴るべきでないとするモラルの重要な淵源はここにある。しかも、この書は庶民にも使われたらしい。

36 以上、前掲『子育ての書』2、一四七～八ページ参照。

37 以上、古川哲史ほか訳『江戸随想集』筑摩古典日本文学全集35、二〇二～三ページ参照。

38 関山邦宏「細井平洲の教育論とその展開――社会教化論を中心にして――」（青山学院大学教育学会紀要『教育研究』二〇号、一九七五年）を参照。

39 『近世後期儒家集』岩波日本思想大系、二二ページ。

40 『日本経済叢書』巻一五、四二六～七ページ。

41 平重道『林子平、その人と思想』宝文堂、一九七七年、二八三ページ。

42 山岸徳平ほか編『新編林子平全集』3、「経世」第一書房、一九七九年、九七ページ。

43 拙稿「貝原益軒の教育観――学習法的教育論――」（原載、『教育学研究』四五巻一号、一九七八年、拙著『「勉強」時代の幕あけ』所収）。なお、春山作樹「本邦教育学の祖益軒先生」（春山作樹『日本教育史論』国土社、一九七七年、二一五～六ページ）およびこれに対する私の「解説」参照。

44 前掲新編全集3、一〇一ページ参照。

45 同右書、一一一ページ。

46 同右書、一〇二ページ。

47 『富国建議』（同右書）一九一ページ参照。

48 大日本文明協会編『欧米人の日本観』上編、三八九～九〇ページ。
49 辻善之助『田沼時代』岩波文庫（初版は一九一五年）参照。
50 『武玉川』『柳樽』の句は、ともに岩波文庫による。なお、下の数字は原本の巻数と丁数である。
51 高柳金芳『江戸時代御家人の生活』雄山閣、一九八二年、七一ページ参照。
52 東京大学出版会、一九五二年発行。
53 同右書、二〇八～四〇ページ参照。
54 『太平策』（『荻生徂徠』岩波日本思想体系）四八二ページ。
55 『政談』（同右書）三九二ページ。
56 山田慶児編『三浦梅園』（日本の名著）中央公論社、一九八四年、九ページ。
57 橋尾四郎『三浦梅園の教育思想』吉川弘文館、一九八三年、二五二ページ参照。
58 同右書、二五七～八ページ。
59 『梅園叢書』巻之中（『日本随筆大系』六巻）四二三ページ。
60 橋尾、前掲書、二二四～四二ページ参照。
61 以上『稽古談』巻之三（『本多利明、海保青陵』岩波日本思想大系）二八六～七ページ参照。
62 同右書、巻之二、二五七ページ。
63 以上、同右書、巻之一、二二七ページ。
64 『経済話』（同右書）三八一～二ページ。
65 『洪範談』（日本経済大典　第二七巻）四九一ページ。
66 以上は、特に幸田成友『大塩平八郎』中公文庫、六九～七〇ページ。および、三宅雄二郎『東洋教政対西洋教政』上巻、実業之世界社、一九五六年、一八五ページも参照。

67 『佐藤一斎・大塩中斎』岩波日本思想大系、一五六〜七ページ。
68 同右書、一四三ページ。
69 『言志耋《もう》録』(同右書)一七二ページ。
70 岩波文庫版、一四〇〜一ページ。
71 木俣秋水『吉田松陰をめぐる女性たち』大和書房、一九八〇年、四九ページ。
72 広瀬豊『吉田松陰の研究』東京武蔵野書院、一九四三年、三四六ページ。
73 福村出版、一九八六年。
74 同右書、八四ページ。
75 同右書、七九ページ。
76 高梨健吉訳、平凡社東洋文庫。
77 同右書、一一七〜八ページ。
78 同右書、一三一九ページ。
79 同右書、二一四七ページ。
80 横山俊夫「イギリスからみた日本の開化」(林屋辰三郎編『文明開化の研究』岩波書店、一九七九年)一七八ページによる。
81 同論文、一八五ページ参照。

付論

中国の場合

古代・中世の肯定的雰囲気

古代儒教の「集大成」である「五経」の一、『尚書』(書経)には、(聖王である舜《しゅん》は)「鞭《むち》打ちを役人たちに対する刑罰とし、朴《ぼう》うちを教育刑とし……」(舜典)とあり、『礼記』には「大学で初入学者を教えるには……榎楚《かそ》の二種の鞭は、その怠惰を警めて威儀を収めさせるためである」(学記)などとある。また、『易経』の蒙卦《か》や噬嗑卦《ぜいこうか》、それらの解説「十翼」にも、子どもに体罰が必要であるとする語が散見する(1)。

『尚書』や『礼記』の文章は、成人や成人に近い青年期くらいの学生の体罰を言っているようで、こういう規定が唐朝の「学令」の体罰規定や、それにならったわが国古代の大学寮の体罰規定の根拠となっている。ともかく古代儒教においては、学習者の年齢にかかわらず、学校教育における体罰を必要不可欠なこととしていることは明らかである。

前二世紀の司馬遷『史記』に「教えの笞《むち》は家に廃してはならない。刑罰は国に無くてはならない」(律書)とあるのは、こういう古代的雰囲気を説明しているとも言える。後漢の思想家王充(二七〜九〇?)が子どもの頃通った「書館」には子どもが一〇〇人以上いたが、みな鞭打たれたという(2)。六朝時代・北斉の名門・顔之推(五三一〜五九五?)の『顔氏家訓』にも、教育上の体罰の必要性が説かれている(3)。名門の子弟の教育にも体罰が行われていたとみるべきであろう。

中国で体罰をはっきり否定する考え方は、三国時代・魏の王粛(一九五〜二五六)による『孔子家語』にあらわれている。この書に孔子のことばとして「鞭朴(で育てた)の子は父の教えに従わず。刑罰で処罰される民は君の命令に従わない」(六本第十五)とある。この書は現在では、王粛が時の大儒・鄭玄に対抗すべく古記録をつなぎあわせて創作したものと言われている(4)。

しかし、江戸時代の日本人にとっては、孔子自身のことばとして尊崇の対象になっていた。藩校の教育課程に必読書として組み込まれていることも多かったことは、すでにふれた。本書の内容はわが国の儒教理解に強い影響があったと思われるが、少なくともこの体罰否定の思想の影響関係は、本書にとっては見逃せない。すでに日本についてのいくつかの引用文にあったような、「父親が愛情の発露として子をたたいても、子は父親を恨むようになってしまう」とする決まり文句は、おそらくこの『孔子家語』のことばを淵源としていよう。前出の『牛の涎』の著者小倉無隣の語(5)は、この間の事情を直接示してくれているのである。

次に、隋、唐代を省略して宋代以降の状況を考えてみることとしたい。

近世の朱子学・陽明学と体罰

宋学（朱子学）は、唐代の身分制（貴族社会）が崩壊したのちに新社会を形成する主動力となった新興地主層、すなわち「士大夫《したいふ》」層が、その「高揚した意識と教養」(6)を理論化したものと言われる。さきにもふれた程明道・程伊川兄弟などを源流とし、朱子（一一三〇～一二〇〇）によって集大成された朱子学は、一種の教育学であった。このことは、わが国の東洋学の碩学(7)や最近ではアメリカの代表的東洋学者に端的に指摘されてもいる(8)が、日本では特殊な歴史的、思想的背景があり、教育学研究者にも思想史研究者にもあまり意識化されていないように思われる。

そのことをこの場で述べたてるつもりはないが、宋学が立派な教育学であったということは、「人間が自己の内側から、より高い理想に向かってどうやって、どこまで到達できるか」を真剣に問い、実践してみようとしたところに存すると私は思う。「聖人学んで至るべし」（聖人〈理想的人間〉は学問・修養によって〈誰にでも〉到達できるはずである）とする宋学の有名なテーゼは、この学がある種の教育の学であることをも象徴的に示している。

朱子学関係の書を読むと、今日ではすたれた五常・五倫や「礼」の実践にかかわる、現代人にとっては退屈な論議が多いことは確かである。しかしもう一方では、そういう古い皮袋の中に高い理想主義が脈々と息づいていることに感動を覚えさせられる。

本書のテーマに関するもの一例を紹介するとすれば、『中庸』の第三三章に次の語がある。

朱子（台北故宮博物院蔵）

> 君子はことさらに賞を与えたりしなくても、人民は仕事にはげみ、ことさらに怒りをあらわさなくても、人民は死刑の刑具をみるよりも恐れ（て、おのずから感化され）るのである(9)（金谷治訳）。

これは、罰よりも賞を重んじる理想主義よりさらに理想主義的な考え方である。こういう理想主義ばかり繰り返していても現実は別の論理で動くのだから、それに対応する現実的方法を講じなければならないとするのが、すでにみた徂徠や青陵の立場である。しかし、教育的にみて、これが究極の理想であることには変りない。

朱子学はまた、孔子の理想とした礼治主義を再び理想として掲げた。そこで、朱子学で理想とする礼の内容に、体罰を忌避する雰囲気があるのかないのかということを少し問題にしてみたい。

さきに藤樹を扱った節で、その著『鑑草』中に、二程子の母が下僕を殴ることを良しとしなかった話を、藤樹が少し改訳しつつ取りあげていることを紹介した（三五ページ参照）。この話の載っている『近思録』は、実は朱子が呂祖謙とともにその学派の入門テキストとして編纂したものである。朱子自身の価値観が反映したものであることは、言うまでもない。

また、朱子と弟子たちとの対話集『朱子語類』に陸学（朱子の同時代の理論的好敵手・陸象山の学）について、弟子（呉仁父）に答えた次のような対話が載っている。

> 呉仁父が陸学に言及した。先生が言った。「まるっきり禅だ。始めのうちは我が儒学によって蓋《ふた》をしていたが、今やもうなり振りかまわず言いたい放題だ。彼らは自分では理に適ったところがあると言っているが、実践の段になると、ただもう私情のままに行動して、言うこととすることが裏腹だ。人が自分と同じだと喜び、違うと怒り、喜怒にまかせて、やみくもに人を殴ったり罵倒したりするほどだ。後進のものが入門すると、とたんに傲慢無礼を学んでくるのは、とても恐ろしい。人の世の道理が衰微するとこんなふうに百鬼夜行の状態になる。畏るべし、畏るべし」[10]（三浦国雄訳、一部改、傍点引用者）。

これによれば、陸学を批判する象徴的なこととして「喜怒にまかせて、やみくもに人を殴ったり罵倒したりする」ことが例示されている。このように見てくると、『論語』憲問十四の次のような暗示的・比喩的な文章に対する朱子の注釈も、朱子の体罰観という点から取りあげる価値がありそうに考えられる。

原壌（早くから孔子を知っていた。母が亡くなったのに歌をうたうというようなふうで、礼儀の世界を踏みはずしていた人）が、（先生の来られるのを見て）うずくまって待っていた。先生「幼い時におとなしくせず、大きくなってこれという評判がなく、年寄りになってもくたばらない。こんなのを賊（人に害を与えるもの）というのだ」と言って、杖でその脛《すね》を叩かれた（その脛をのばして立て、といわんばかりに。）(11)（倉石武四郎訳、傍点引用者）。

この「杖でその脛を叩かれた」とする場面に対する朱子の注釈（『論語集註《しっちゅう》』）に、「微《かす》かに」という副詞が入れられている。倉石訳は「徹頭徹尾、朱子の説によった」ものだが、うっかりしてのことか、この「微かに」が訳出されていない。倉石氏の解説にもあるように、論語の註釈は朱子が心血を注いで「生涯をかけたもの」で、一字一句といえども朱子の価値観や理解のしかたが反映していると言われている(12)。とすれば、この「微かに」も、孔子が無神経に人をたたくイメージに耐えられなかったことの表れと解することができると思う。（ちなみに、漢代の「古注」では、こういう点に気を使っていない。）

王陽明（一四七二〜一五二八）による陽明学の出現は、中国思想史上の一大転機であることはよく知られているが、子ども観や体罰観においても同様であった。

陽明の児童観は「子どもの訓《おし》え方の大意を教師・劉伯頌らに示す」（『伝習録』巻之中）によくあらわれている。「大よそ子どもというものは、遊びを好んで拘束を憚る」という陽明は、当時の学校は「鞭撻縄縛《べんたつじょうばく》して囚人に対するようだから、子どもが学校を監獄のようにみている」と批判する。「万物一体の仁」（人の心の本体〈仁〉が、万物と一体であるとする考え方）を強調し、子どもの純粋性、自発性に共感する陽明は、明らかに体罰教育とは反対の立場にある。

この後の中国思想史で興味深いのは、この陽明学の流れの中から「赤子の心」（羅近渓、一五一五〜一五八八）、「童心」（李卓吾、一五二七〜一六〇二）など、子どもの心のとらえ方自体が一つの軸になって展開してゆくことであるようだが[13]、それは当面の課題ではない。ここで問題にしなければならないのは、近世儒教を代表する人々が体罰否定的な発言をしているにもかかわらず、中国の社会実態としては、日本の場合よりはるかに体罰が乱用されたらしいということである。

陽明とほぼ同時代の教育熱心な読書人・林希元（号 次崖、一五一六年挙人、翌年進士、著書に日本でもよく読まれた『四書存疑』など）も、その家訓には、「家には鞭朴を用いざるべからず」[14]と言っている。これは林希元の思想史上の立場などがよく知られていないし、特殊な事例と考えられるかも知れない。しかし、やや遅れて再刻された通俗書『居家必用事類』（編者不明、一五六〇年、銭唐田の序文あり）所載の『司馬温公居家雑儀』には、次のような語が載せられている。

父母にあやまりがある時は、丁寧に顔色や声を挙げて諫めなさい。……父母が悦ばないで撻《むちう》ち血を流しても、怨まずに尊敬し孝行を行いなさい(15)。

司馬光（温公、一〇一九〜一〇八六）は『資治通鑑』の著者としてあまりにも有名だが、こういう内容の教訓が通俗書に載せられ続け、もっとも代表的な家訓として広く流布していたということ(16)のうちに、中国では親がその子をむち打つことが常態となっていたことが示されているのではなかろうか。もう一つ引用すると、

（女使用人が）喧嘩した場合、主人・女主人はすぐしかり、止めさせるべきである。止めなければ彼女らを棒で打て。悪い方を多く打ち、片方が（喧嘩を）止め、片方は止めなければ、止めない方を棒で打て(17)

とある。

また、使用人を鞭うつ際の心構えやその方法は、主人のみが鞭うち、（家族の）婦女は鞭うたないのが正しいやり方であるなどと説くところもある(18)。一六世紀でも使用人の体罰が当然視されていたことは、この書からもうかがえるのである。

もっと時代を下るとどうか。一八世紀には、わが国ではすでに詳しく検討してきたように体罰を非とする思想・実態が主潮流となっていた。しかし、中国では依然として事態は変っていない。日本とは逆方向に進展していたのである。

一八世紀末頃の成立とされる「四大奇書」の一つ、『紅楼夢』は、南京の没落貴族のお坊ちゃん賈宝玉と、それを取りまく娘たちの恋愛小説である。この中でも、主人公賈宝玉が父親などに人前でこっぴどく、折檻される場面が数カ所は出てくる(19)。賈宝玉は日本で言えば大名や最高級の旗本の子弟なのだから驚く。召使いに対する体罰の場面はさらに多い。この国では古くから政治的に失脚したり、汚職が発覚した役人に対しても杖刑を課す伝統が続いていた(20)。子どもに対してなど、たとえ高位の家柄の子であっても当然視されていたのである。

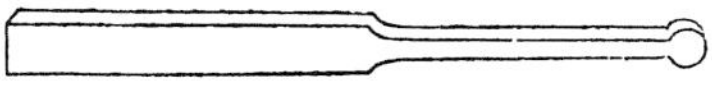

戒方《かいほう》（学生の掌《てのひら》をうつ板。茶色。）

竹片《ちくへん》（学生を重くこらすときに用いる竹の板。黄色。）（『清俗紀聞２』平凡社東洋文庫より）

近代以後

近代になってからはどうであろうか。二〇世紀はじめの著名な詩人、王独清（一八九八〜一九四〇）の『長安城中の少年——清末封建家庭に生れて——』をみると、官僚貴族の家柄の父や義母が、本人や召使いを叩き棒（板子）で打ちたたく場面がたくさん出てくる。書き出しからしてそうである。数多い召使いのうちの「あるものは買ったものであり、あるものはなにがし閣下となにがし邸から届けられた『進物』であった」から、「小間使いでも多少の文字を覚えさせる」家風（主人の趣味でそうしたと言う）を誇ったこの家でも、小間使いを打ちたたくことに何の疑問を持っていない(21)。（ただし、王独清自身はきわめて体罰に批判的で、だからこそこの事実を多数書き留めている。）この時代に集中的に出版されたと言われている自伝類を丹念にあたれば、おそらく同様の事例がたくさん出てくるのであろう。

毛沢東の率いた中国共産党とその軍隊は、部下や民衆を殴らないことが一つの「看板」となっていた。しかし、中華人民共和国の成立の三年後、中国教育史上名高い徐特立（一八七六〜一九六八）は、教育雑誌『小学教師』一九五二年一二月号に「小学校の体罰問題」なる文章を掲げ、小学校からの体罰追放は、教師の意識中の「封建残余」の除去からはじめねばならないことを論じている(22)。

いわゆる「文化大革命」（一九六六〜七六）の時代に体罰的事件が多数起ったであろうことは十

分推測される。たまたま、五、六年前の『人民教育』の目次に目を通していた際、一九八二年九月号に「学生を体罰することは何を意味するか」なる小論を目にした。ここでは「近年数人の小中学校教師が、いろいろなひどい方法で子どもに体罰を与えていることを聞き、驚いたので、人人の注意をひくために数例をあげる」と書きはじめている。

例示されている例は、特別ひどすぎるとも言えないが、新中国が成立して学校から体罰を排除したはずなのだから、このような「封建家長制の害毒」は徹底的に改めねばならない、とこの筆者は論じている(23)。こういう短文から、少なくとも現在では学校体罰は非常に少なくなっていることが、逆にうかがえると言えよう。しかし、最近では有名な「一人っ子政策」で、子どもの教育熱が加熱し、親の意に反して成績の上がらない子どもを強く折檻し、死亡させた記事が日本でも大きく報道されたりしている(24)。中国の体罰も、この新たな社会事情を反映して蘇る危険性も皆無とは言えない。

1　白河次郎『古典教育学』聚精堂、一九〇一年、九〇〜二ページ、一〇八ページなど参照。
2　王充『論衡』大滝一雄訳、平凡社東洋文庫、四ページ参照。
3　『世説新語・顔氏家訓』森三樹三郎ほか訳(中国古典文学大系9、平凡社、一九六九年)中の『顔氏家訓』第二章四「躾に鞭はつきもの」(四〇八ページ)参照。

4　加賀栄治『中国古典解釈史』魏晋篇、勁草書房、一九六四年、第二章参照。
5　本書六〇ページ参照。
6　島田虔次『朱子学と陽明学』岩波新書、一九六七年、一七ページ。
7　宮崎市定『論語の新研究』岩波書店、一九七四年、三六ページ参照。
8　ドバリー『朱子学と自由の伝統』山口久和訳（平凡社選書、一九八七年）第二講、朱熹と自由主義教育を参照。
9　『論語　孟子　大学　中庸』倉石武四郎ほか訳（筑摩世界文学大系5、一九七二年）三三五ページ。
10　吉川幸次郎ほか『朱子集』朝日新聞社、一九七六年、四〇〇～一ページ。
11　倉石武四郎ほか訳、前掲書、六九ページ。
12　同右書、三四一ページ参照。ただし、江戸期に広く流布していた寺子屋の読み物教科書『実語教・童子教』には、後述するように体罰肯定のくだりがあり、その例証として、孔子も原壌に体罰を加えたとする説明を加えたりする場合があること（振鷺亭『実語童子教證註』文化一三年、など）も、注意しておくべきである。
13　特に溝口雄三『中国前近代思想の屈折と展開』（東京大学出版会、一九八〇年）上論、第二章、附節「『童心説』とその周辺」および、荒木見悟「羅近渓の思想」（同『明代思想研究』創文社、一九七二年）を参照。
14　寺田隆信「林希元の『家訓』について」（金谷治編『中国における人間性の探求』創文社、一九八三年）五六五ページ。
15　寛文一三（一六七三）年の和刻本の影印版（中文出版社、一九七九年）七四ページ。
16　酒井忠夫「明代の日用類書と庶民教育」（林友春編『近世中国教育史研究』国土社、一九五八年）一三三ページ参照。
17 同右書、七六ページ。
18 同右書、八四ページ参照。
19 『紅楼夢』上、伊藤漱平訳（中国古典文学大系44、平凡社、一九六九年）二九、一五七、四四九ページなどを参照。
20 尚秉和『中国社会風俗史』秋田成明訳、平凡社東洋文庫、一九六九年、二八六〜七ページ参照。なお、王陽明も、政敵に失脚させられた際、杖刑を受けている。
21 以上は、田中謙二訳、平凡社東洋文庫、一九六五年を参照。
22 湖南省長沙師范学校『徐特立文集』湖南人民出版社、一九八〇年所収。
23 同誌、六一ページ参照。
24 一九八七年一二月二九日付け朝日新聞に「『点数悪い』と小四の子に——母親、死のせっかん、中国」なる記事を目にした。

Ⅱ

近世社会と体罰

1　武士の学校と罰・体罰

1　はじめに

「藩校（学）」・「郷校《ごう（きょう）》（学）」・「私塾」

藩ということばは、ようやく幕末になって一般化したものである。正式な名称になったのは、明治二（一八六九）年の版籍奉還の際、それぞれの旧領主を知藩事に任命した時がはじめてであると言われる(1)。したがって、藩（立学）校ということばも存在しなかった。各藩の武士の学校をそういう抽象的な一括した名称で呼ぶということは、近代的思考の産物である。江戸時代の人々は、「弘道館」（水戸藩）、「時習館」（熊本藩）などと個別に呼ぶだけであった。それらの名称は、大体儒教経典からとられた武士の教育目標にふさわしい熟語から選ばれた。しかも、この個別名称がつけられたこと自体も江戸時代中期の終り頃から一般化したのであり、それまでは、各藩では単に「学問所」「稽古所」「講堂」「学舎」「塾」などと漠然と呼ばれる場合が多かったのである(2)。一藩を代表する「藩校」についてさえ一般的名称がなかったのだから、「郷校」や「寺子屋」「私塾」という名も、一般的に通用するものではなかった。これらの名称が定着したのは、明治以後のことである(3)。特に、「学制頒布前」の実態を保存しておこうという「教育沿革史編纂」のための資料蒐集時(明治一六年二月五日)の類別のしかたが決定的な影響を与えた(4)。

江戸時代の多様で個別的・地域的な教育機関のあり方を、藩校、郷校……と類別して考える考え方自体がすでに、近代以後の学校観や思考方法が投影しているのである。

郷校(学)については、「地方の学校」という程度が唯一の共通性と思われ、地域により、設立者・教育内容・教育対象がきわめて多様である。郷校は幕末・維新期に急激に増えたが、この性格、意味については論争があり、すっきりした整理がしにくいようである。私塾も同様であって、塾主の思想・学力水準・専門分野が多様であり、それに伴って、教育内容・水準・方法もまちまちだった。共通項としては特定の個人が私的に開く教育機関という程度のことしか言いえない。しばしば「藩校と寺子屋の中間的存在」などと言われるが、それも、何が「中間的」なのか明確にさせにくい。教育内容の程度や、士庶共学が多かったことを指すのかも知れないが、教育内容の程度は藩校より高度な場合も多く、藩儒や学問のある藩士が、出勤日以外に指導した「家塾」をも私塾の一種と考えるなら、ここには庶民が通わない場合が多かった。

このように江戸期の教育機関は多様だった。今日的な分析感覚からすれば、どういう角度から切り込んでもすっきりと整理できない。それが、教育機関のみに限らない前近代社会の一特質である、とも言えるように思う。しかし、当時の価値観や共通感情に即して観察すれば、多様性のうちに意外な共通性も発見できるはずである。そのような研究は、大部分がこれからの課題であると私は思う(5)。

研究状況・賞罰のバランス

この節の主題に関する先行研究でややまとまったものとしては、ドーア『江戸時代の教育』および重松一義『少年懲戒教育史』くらいにすぎない(6)。ドーア氏のものは、周到かつ適確な叙述であり、外国人にしてこれだけの研究を成しとげているのは、驚異的なことと言っても過言ではない。重松氏の書も『少年懲戒教育史』という観点から藩校の罰則を二六校の事例について抽出している点で貴重であるが、「これらは武士の体面を保たせるため、極力体罰を避け、これに代替するものという趣旨に立つもので、奇態な姿態の科罰はみられない。また格外の罪状については、藩の一般的刑律によること論をまたない」としている程度で、結論的には妥当と思われるものの、分析的検討はあまりなされていない。

ドーアは、「江戸時代の教育論者に共通の主張では、賞讃は懲罰よりも教育の武器として有効とされ」たとして、九州中津藩西島準造『学官略説』の参照を求めている。しかし、西島の論を読んでみると、「人々の性はみな善ではあるが、気質はまちまちである。……学問に段階をつくり、賞すべきは賞し罰すべきは罰して努力させるのが最も良い。そういう配慮がなければ、どうしても怠けがちになり……」(7)と、一九世紀前後から各藩で一般化してくる賞罰併用による能力主義的な政策を説いているので、これはあまり適切な例証とはいえない。ただし、ドーアの指摘自体は正しく、重要な点である(8)。

ここでは、加賀藩儒・大島清太の嘉永元(一八四八)年の建言の内容を紹介してみたい。賞のみが偏重されてきた傾向と、それに対して、この頃には罰をも重視する論が、このもっとも保守的な大藩でも抬頭してきている状況が読みとれるものである。

　賞罰の二つは、一方のみを止めるべきではないのに、善を賞して悪を罰さなければ善は進まず、悪は懲りないのである。学校では生徒(学生)の賞美のことはこれまでつねに行われていたが、懲罰の方法は一切なかった。それゆえ、賞はいたずらに濫賞となり勧善の意味をなさない。罰すべきことは、先生の教えに従わないことに過ぎることはない。しかし、努力不足のものは、教官(主附、助教、訓導)から時々激励、お説教をしても、一切耳に入れる様子もなく、諺にいう馬耳東風である。これはまったく懲罰の申し渡しがないからである。第一にこの方法が行われなければ、善者も進歩せず、だんだん怠廃（なまける）の方向に向いてしまう。どの方面でも賞罰の二つはよくバランスがとれて、偏重にならないようにしたいものであります(9)（傍点引用者）。

2　藩校の罰の種類・性格

ドーアの研究

やや冗談めかして言えば、ドーアの研究は、われわれ日本人の江戸時代教育史研究者にとっては、驚異・脅威の書である。氏の個人的な資質にもよろうが、背後に控える西欧の学問研究の伝統のただならなさを実感させられるのである。その書、すなわち『江戸時代の教育』の中で、藩校の規律や罰について次のように述べられている。かなり長文となるが、きわめて適切な解説なので、それを紹介することからはじめたい。

これらの学校（藩校）の規律の問題は、他のどのような学校とも大差ないようであるが、ただおそらくは、出席時間のうち授業よりも独習に費やされる時間が斯くも長いということ、そして、何といっても聖（経）典を教材に使用するため特殊の厳粛な雰囲気が要求されるということから、規律の問題は一層重大だったのではないかと思われる。「学校ハ外並ノ場所ト違ヒ一際《きわ》礼儀正シク風俗厚ク無レ之テハ不レ叶事ニ候」。これは鳥取藩校の校則の冒頭の一節である。

最もよくある戒告は、口論、授業中の私語、廊下を走ること、戸障子を乱暴に開閉すること、下校時に我勝ちに自分の下駄を取ろうとすること、大声で談笑すること、許可なしに席を離れること、便所から戻るのを不法に遅らせること、罵詈雑言《ばりぞうごん》、遅刻、不法欠席、偽りの口実を設けることなどを戒めるものであり、また一例では猥談もこの対象にされている。適用される罰もまたどこの教育者でも考えつくようなものであって、放課後の居残り、掃除などが最も一般的である。体罰は少なくとも三校では実施されていたが、概して稀である。（中略）停学もまた年長の少年に対しては一般的な懲罰で、時には自宅謹慎を伴った。事実、成人の生徒の場合には、校則違反と、彼が武士として従うべき軍律に対する違反との間に明瞭な区別はなかった。罰金や謹慎は一般的軍律の準用に過ぎない。或る藩（宮津藩）では学校の構内に感化院を設け、正規の生徒であるなしにかかわらず、体面を汚した武士は誰でもそこに収容した（この感化院は「慎ミ所」と呼ばれていた）。受刑者はまず、風呂と塩なしで三カ月以内監禁される。その後は禁制は若干緩和され、入浴を許され、食事も改善されるが、二年以内の期限で読書と武道習練のきびしいノルマを課せられ、毎夜宿舎に禁足される。

停学処分は主として象徴的な意味での不面目の問題であるが、年少の生徒に対しても恥の意識に訴える制裁手段が屢々とられた。生徒たちは上長の前に呼び出されて叱責され、或いは隔離した席に坐らされて同僚の非難にさらされ、或いはまた掲示板に氏名を貼出されたり、熊本におけるように名札を「反」されたりした。(全生徒の氏名が木の札に一方は赤地に黒、もう一方は黒地に白で書いてあった。札は板の上に掛けてあって、通常は赤と黒の側が表に出ているが、不都合のあった生徒の札は黒と白の側を出して、ひときわ目立つようになっていた。)

幾つかの学校では好ましくない行為の記録をつけ、また、時には特に賞賛に値する行為を記録するために善行帳も設けた。(江戸時代の教育論者に共通の主張では、賞賛は懲罰よりも教育の武器として有効とされ、またスクイアズ的残酷物語は普通のことではなかったようである。)年末には大抵総決算を行い、少なくとも岡山では、両親に報告を送ってその子が素行優良、学業の進歩、精勤のためにそれぞれ何点を稼ぎ、規律違反のために何点差し引かれたかを知らせた。勉学を督励するために懲罰を利用する例は稀だったようだが、少なくとも熊本と平戸の藩校では、生徒が教えられることを覚えないことが度重った場合には、それを閻魔《えんま》帳に記入していた。おそらくは異常な覚えの悪さは故意のものであり、またジョン・ウェズリーが主張したように、「自ら好んでのろまである者は皆、悪党である」という臆断に基づいたものだろう(10)(傍点引用者)。

引用文中で省略したのは、体罰に関する叙述の部分で、それについては、筆者自身があとで詳細に検討するはずである。（なお、スクイアズ的残酷物語・ジョン・ウェズリーについては本文中には訳註がある。）

若干の補正

おそらく、ドーアは大量のカードなどで『日本教育史資料』から抽出・分類しながら研究したのであろう。私は、罰則に関する部分のみを抽出・分類・分析してみたが、結果的には体罰に関する部分を除けば、ドーアの研究の域を出ることができなかった。しかし、若干の補正・補足したい部分は存在する。以下はそれらについてである。

まず、宮津藩（京都府、一二万石）の「学校構内の感化院」（感化院の原語は reformatory）についてである。感化院とは普通、犯罪を犯した青少年の集団的矯正施設のことである。しかし、宮津藩で天保一三（一八四二）年設けられた「慎み所」は、「藩士で荒酗《く》暴激（乱暴をする酔っぱらい）など、すべて士《さむらい》の面目に関する汚行ある者」を謹慎・収容する施設で、「棟中二室」あるのみである。したがって、成人藩士に対する独房に近い謹慎所である。文武の学習をさせるところに特徴があるが「一年ないし二年」[11]という謹慎期間は、少なくとも日本では幼少者を対象としていないだろうから「感化院」と解してはならないだろう。なお、武士の乱行者を収容する施設を藩校内に設ける事例は、名古屋藩「縲紲《るいせつ》」、津山藩（岡山県、一〇万石）「勧督《（ママ）》部屋（校内の別室）」など(12)の例があるが、これらはいずれも短期間の収容である。

次に、「勉学を督励するために懲罰（punishment）を利用する例は稀」としている点である。（ただし、例外として熊本藩、平戸藩〈長崎県、六万石〉の閻魔帳記入が挙げられている。）

しかし、掛川藩（静岡県、三万石）の初等教育所「心正舎」では、次のように毎月の成績によって席順の入れ替えを行っている。

罰則は心正舎中甲、乙、丙、丁、戊と五席に分け、初めは素読の覚え方、手跡の善悪でまず席順を定める。毎月末に進歩に応じ（席次を）上下する。命に従わない者は罪の軽重により一時間あるいは三十分捧満《ほうまん》（本書二〇九ページ以下参照）屹立《きつりつ》させる。なお改めない時は、甲席の者は乙席に、乙席の者は丙席に、丙席の者は戊《ぼ》席まで下げ、成績があがらなければ係りの者が学監に届け退校させる……(13)。

また、高鍋藩（宮崎県、三万石）では「過」があれば「新無精《ぶしょう》帳」「無精帳」「記過籍」を段階的に設け、「記過帳」へ三回記録されると、「一時刻逗《とう》校（いわゆる留め置き）」させられる。逗校三度に及べば席次を下げられる。この席次の回復は、月三回のテストに四カ月間完答しなければ許されない。新無精帳、無精帳は、低度の補助教員であり、クラス担任的な存在である「保正」(一クラス一四、五名〜二〇名)によって記入される。保正は「督責誘掖《ゆうえき》」(指導・助言)が役目であるとされている(14)。

この場合、「過」とは品行上のことだけとは考え難い。学業成績と一体になっている。このように、懲罰が学業とからめられている例は、他にもいくつか存在する。

氏が「勉学の督励に懲罰は稀」と言うのは、欧米でありがちのことであるように、一時的な出来不出来で直ちにムチ打ちを行うようなことはないという意味でなら正しい。しかし、私見によれば、幕末に近づくほど厳しい能力主義と日本的な非体罰的な懲罰が緊密に結びつけられることが、かなり存在したと考えられるのである。

特質と意味

ドーアも言うように「(藩校の)規律の問題は他のどのような学校とも大差ないようであ」り、「適用される罰もまた、どこの教育者でも考えつくようなもの」である。しかし、日本の武士社会の特質から編み出された罰という観点からすると、二つの面が注目される。

一つは、武士内の身分に応じて、ある年齢までに「文武」についてある基準に達しないと、家督相続を禁じたり、減給、降等、奪職を規定する藩が、幕末になるほど多くなっていることである。長子単独相続が原則だったので、一生「厄介」で終りたくなければ、次男以下は養子に行こうとする。しかし「文武」の一定の基準に、ある年齢までに達せられねば、養子に行った先の家督相続ができない。こういう制度が普通の意味での罰と言えるかどうかについてはしばらく置き、家族ぐるみで長男から末子（ただし、男。女子は別）の教育に関心を持たざるをえず、子どもの将来にもっとも威嚇的な効果をあげたことは間違いない(15)。これらの規則は、ドーアも言うように、「大抵の藩では、……幕末の二、三十年の間に定められたもの」(16)である。しかし、たとえば佐倉藩（千葉県、一〇万石）のように、享和三（一八〇三）年という早い時期に、こういう形で能力主義的教育政策を導入した藩もある。すなわち、

近年若い者たちは文武の修業に怠り、酒食にふける者が多いと（殿様が）お聞きになり、不届きなことと思っておられる。これから後、文武の修業が不十分なものは、家督相続は昔からの定まり通り許すが、知行の内から（成績により）一定の割合でさし引くようにする。……(17)

次に注目すべきは、仲間の間で恥をかかせる、そのこと自体を目的とした罰が大多数を占めているということである。日本の文化は「恥の文化」で、外面的強制力に基づいて善を行おうとす

るとしたのは、『菊と刀』の著者でアメリカの人類学者、R・ベネディクトであった。しかし、森三樹三郎『名と恥の文化』でも明らかにされているように、武士が学んだ儒教的な恥意識は外面的というよりは、内面的なものであった(18)。オーソドックスな教育内容の位置にあった朱子学で「慎独」(人の見ていないところでも慎む)などを強調するのも、恥の内面化を究極まで突き詰めようとする意識のあらわれである。

したがって、「仲間の間で(目に見える形で)恥をかかせる」といっても、それは一つの立ち直りの契機にすぎなく、内面的な恥の意識の強化のための「呼び水」にすぎないと考えるべきであろう。この心理の理解には、前出の三浦梅園の羞恥心喚起のための切々たる真情吐露が好材料となろう(七三〜四ページ参照)。

恥意識の喚起といっても、仲間集団からの隔離を伴う居残り(留置)での勉学や掃除は、もっとも一般的な罰ではあったが、かなり重い罰でもあったようである。その前に仲間集団の中で本人の不行跡をそれとなく知らせるような罰が、有効に使われていたように推測される。名札を裏返しておくことや、同学集団からの貶《へん》級(席次を下げる)や罰席制度などがこれにあたる。罰席などは明治以降の近代学校でも多く行われ、明治初年に西欧の制度の紹介もあったので、明治期の西欧的制度の移入の一事例かと近代教育史研究者には思われるかも知れないが、藩校でもかなり行われていた。さきの掛川藩の場合のように、成績と結びついていた明証は少ないにしても、篠《ささ》山藩《やま》（兵庫県、五万石）、赤穂藩《あこう》（同上、二万石）、柳川藩（福岡県、一一万石）、厳原藩《いずはら》（長崎県対馬、一万石）などにもみられるのである(19)。

さらに、江戸時代という時代は、正規の教官はもとより長上の権威が雰囲気として確立していた時代であったから、彼らの滅多に言わない叱言（多言や繰り返しは武士のモラルに反する）を受けること自体が、仲間うちでの大きな不名誉になったと思われる。（ただし、上級身分の子の高慢は、いつも問題になっていた。）今日の「荒れた」学校であっても、欧米、特に米に比べれば、日本は平穏であると言われる。犯罪率も低いことはよく知られている。しかし、近世の日本は、統計的に比較はできないものの、今日の日本よりさらにずっと犯罪率が低く、教育の場での混乱が少なかったことは、種々の状況から確実に推定できることである。

明治一〇年代の『日本教育史資料』編纂の目的で旧藩主や各県に調査を依頼した際、幕末維新期の混乱、火災などで資料が散逸し、「罰則はあったが今は不詳」とする藩も数藩あるが、罰則の規定そのものがなかったとする藩もかなり多い。

たとえば、畿内では（大和）郡山藩（奈良県、一五万石）、小泉藩（同、一万石）、芝村藩（同、一万石）、東海道では桑名藩（三重県、一一万石）、西尾藩（愛知県、六万石）、岩槻藩（埼玉県、二万石）、笠間藩（茨城県、八万石）、東山道では松代藩（長野県、一〇万石）、平藩（福島県、五万石）、荘内藩（山形県、一二万石）、上の山藩《かみ やま》（同、三万石）、山陰道では柏原藩《かいばら》（兵庫県、二万石)、山陽道では小野藩(兵庫県、一万石)、岡山藩(岡山県、三一万石)、福山藩(広島県、一〇万石)、西海道では秋月藩(福岡県、五万石)、中津藩(大分県、一〇万石)などが、罰則のないことがはっきりしている藩であった(20)。

このうち、一万石程度の小藩も多いが、一〇万石以上の中・大藩もある。最大藩は岡山藩の三一万石である。岡山藩の場合、罰則がないことを誇りにしたかのような説明もある(21)。これらは、罪刑法定主義などとは無縁な儒教的徳治主義の下では、罰則を設けること自体を嫌う雰囲気があったということと同時に、罰則を設けなくても藩校の運営にほとんど支障をきたさなかった、ということをも示しているのである。

余話

藩校の罰則を通覧していて気づいたことの一つに、「三度目」ということが区切りになっているということがやや目立つということである。これは、日本人ならば誰もが「そう言われれば、そうだろう」とすぐ合点することだろう。日本には「三度目の正直」という諺が広く普及している。諺辞典をひくと、この他にも「三度目の神は正直」「三度目は定《じょう》の目」などとあり、この他にもいくつかある。おそらく、幕府、藩の刑罰規定(ただし、民衆には知らされない。これはのちにふれる)でもそういうものが多いのだろう。一例を挙げれば、竜野藩(兵庫県、五万石)の寄宿生に対する罰則など(22)。加賀藩の場合など簡略化したこの形の典型であるが、これは明治三年の制定である(23)。

また、寄宿舎では、月に数度許される外出日の門限時間の厳守が求められていることが、共通している。幕府の昌平坂学問所の寄宿生の門限厳守もよく知られている。これらは違反すると、数回の外出禁止など手痛い罰をくらう。腕時計のない時代なのに江戸の町境に設けられていた木戸の開閉時間も厳格であった。規律の要《かなめ》として門限が考えられていたことは、藩校寄宿舎にも共通する一特色である。これは、おそらく武士団が本来的に戦闘要因であり、軍令に遅れずに駆けつけることが重視された戦国以来の伝統に関係していよう。ともかく、武士の公務においても、時間には厳しかった(24)。

寄宿舎の罰では、絶食や減食・減塩など、現代人には残酷と思われる罰が全国的に存在するのも注目される。北から米沢藩（山形県、一五万石）、宮津藩（前出、ただし、この藩は塩気の制限）、小城藩（佐賀県、七万石）、島原藩（長崎県、七万石）など(25)。絶食の場合、まったく何も食べてはいけないのか、自炊や買い食い的なことが許されるのかなど詳細は不明だが、各藩での粗末な給食自体が、ようやく幕末になって恩恵的に行われるようになることが多かったらしいので、今日の学校給食の食事禁止とはかなり意味が違うのかも知れない。

大体においてドーアも言うように、藩校の罰は居残り、掃除、自宅謹慎、停学など、誰にも思いつく一般的なものだったが、その組み合せ方の細部に至れば千差万別である。ただし、地域性に基づく特色ある罰は、情報伝達の不十分な前近代社会という点を考慮に入れて考えると、少なかったように思われる。地域性があらわれている罰で筆者が抽出しえたのは、津山藩（前出）の士分にのみ許された月六回の鉄砲猟の禁止、および佐土原藩（宮崎県、三万石）の夏期の遊泳禁止(26)くらいのものである。藩校設立がブームになった一八世紀末頃から、参勤交代制度によって武士文化の画一化が進んでいた一証拠かも知れない。

ともあれ、幕藩体制という将軍と大名による二元的政治システムは、文化構造の統一性と差異性の入り組んだバランスによって維持されてきた。たとえば、参勤交代やキリシタン禁令、大船の建造禁止などは幕府の威令が隅々まで実行されたが、農村共同体に成立した慣行は尊重され、年貢さえ納めれば、よほどのことがない限り、幕府や藩が権力を笠に着てその変更を迫り強制するということは少なかった。

社会経済的側面から言えば、低い経済水準ながらも平和による安定した生活、少しずつの改善、一定限度内での個々人の人生設計の立案、文化や娯楽の享受などなどが、多くの地域で可能となり、他方で為政者も儒教（特に朱子学の）徳治、仁政主義に影響され、あまり強引な政策や支配層のみの利益を追求しえなかった（もちろん例外も多いが）。幕藩体制は、前工業化社会の社会システムとしては、史上稀にみる高度で安定的なシステムであったのではないかと思われる。

歴史作家司馬遼太郎氏は、「時代の思想」である朱子学の果した役割には否定的であるが、各藩が作りあげた幕藩体制という体制を「精密時計のような精緻さであった」(27)と肯定的に表現していた。「精密時計」というのはややオーバーとしても、身分や職業を軸に各階層の要求と主体性を巧妙に組み合せていた。

フランスの前近代エリート学校(コレージュ)の実態を詳しく紹介してくれたアリエスは、そこでの罰則は厳格であったが、それでも守られていなかったという(28)。そういう形の混乱は、藩校ではほとんど存在しない。この点でも、西欧前近代社会の混乱・混沌との大きな差を感じざるをえない。

統一性と多様性が奇妙に組み合された各藩の簡単な罰則や、罰則自体をあまり必要としない藩校のあり方、ここにも幕藩体制の一特質が垣間見えるのである。日本の「近代化」への移行が、帝国主義政策と敗戦という激動の中でも、スムーズに遂行された面があることの遠因にも考えが及ぶが、それは別の機会に考察することとしたい。

3 体罰規定校

今まで、藩校の罰の温和さ、間接性を強調してきたが、三〇〇近くあった藩の中には体罰を規

弘前藩稽古館の講堂内景（『藩校遺構』相模書房より）

定している藩も少しは存在する。これらの藩の体罰の実態と背景を多少とも探ろうとするのがここでの目的である。こういう作業を省略して、藩校の罰の一般的性格、特質を論じるわけにはゆかないであろう。

『日本教育史資料』によれば、北から順に挙げると、弘前、出石《いずし》、三日月、真島（勝山）、福江の五藩の藩校に体罰規定がある。地方の武士学校としての郷校では、土佐に一例ある。これらを合計した六藩は、維新期に存在した藩総数二七〇藩のうち二・二パーセントしか占めず、圧倒的に少数の藩しか行われていなかったことが確認できる。しかも、このうち数藩については、明治になってからの規定の可能性があるのである。ともあれ、以下はこれら稀有の藩の検討である。

弘前藩校

弘前《ひろさき》藩校「稽古館」は「全藩士の就学適齢期の子弟の十分の一程度」しか通学できず、「大多数の藩士の子弟は事実上、この藩校に学ぶ機会は与えられなかった」(29)のである。

したがって、最上級の藩士の子弟の学校であったが、この藩に明確に体罰が定められているのである。一九世紀はじめの「文化年間施行」とされる罰則に、次のような詳細・具体的な説明がされている。

生徒で過失のあった者を罰するには種々の方法があるが、いわゆる教刑（教育のための罰）であって、羞《はずかし》め、奮い立たせるだけの意味でやるにすぎない。その方法には謹慎、榎撻、昇堂差し止め、退学などがある。……榎撻は鯨鰭《げいき》で作った三尺ばかりの鞭で、生徒の腰元を打つのである。罪の軽重により三回五回から、十回十五回までもある。それより重いのは昇堂差し止めと退学の罰で……罰を執行する方法は、一人の教官がその罪状を書いたものを懐中にし……素読室に正座し、「素読の師」と「習字の師」が両側に並び、ムチを机上に置いて待っている。生徒も勉学を中断してその後や脇に坐らせ、教官はその罪状を全員に読み聞かせ、ムチの罰の場合は「素読の師」又は「習字の師」がムチを手にして打つのである。「会読生」の場合は年長者なのでこの罰は行わない。……罰の執行が終れば、直ちに教官から父兄にその罪状と罰執行の状態を書面で知らせる定めとなっている(30)（傍点引用者）。

この文中「いわゆる教刑」とは儒教の聖典とも言える「五経」中の尚書（書経）・舜典に「鞭

を官刑と作《な》し、朴を教刑と作す」とあることを指している。また、「榎撻《かそ》」とあるのは、礼記・学記篇にある「夏楚二物、以って其の威を収む」とある「夏楚」のことである。夏は榎《えのき》、楚はいばらまたはえだで、夏楚（榎撻）とはそれらで作ったムチ。古代儒教の経典では、このようなことばに示されるように、古代中国の学校で体罰を行っていたことを言明していることは先にもみたが、そのことを典拠にしている(31)。また、ムチを鯨鰭《げいき》（鯨の背ビレ）で作ったこと、「生徒一同業（学習）を罷め」させて、見せしめとしたこと、一五歳以上からの「会読生」は「年長のもの故」体罰を課さなかったことなどが注目される。さらに、この藩では、文化七年に葛西善太の建議により、「従来の古学を廃し、更に朱子学を用」いるという学風の改革があったが、「授業の方法、時間、学規、試験法その他都《すべ》てについて、大体は明治初年まで概ね改革以前の制則を斟酌襲用した」(32)とあるように、藩校における体罰が、寛政八年の創立以来明治初年まで一貫して行われてきたらしいことも注目される。なお、津軽藩の刑法である「寛政律」は「明律」の体系をやや緩和しつつも大幅に鞭刑を取り入れている。このこととの関連性も考えられるかも知れない(33)。

出石藩校

出石《いずし》藩は本来五万八千石であったが、天保六（一八三五）年の藩主擁立をめぐる「仙石騒動」により、三万石に「減知」されている。現在の兵庫県出石郡出石町である。

この藩では、安永四(一七七五)年「学問所」を設け、天明二(一七八二)年に「重修」して「弘道館」とした。この藩校・弘道館は明治九年に「火災にかかり、書類悉く焼亡」し、「残欠の書類と故老旧吏の口碑(言い伝え)」により「考訂補綴《てい》」して報告しているので、詳細は知り難い。江戸期の罰則については、「罰例は禁足、呵責に止る」の記述がみえるのみである。ところが、明治二年に「正定」した「幽蘭舎(寄宿舎の名)規則」では、罰則として次のように記されている。

遅起、幹事一、○故《ゆえ》無くして来らざる及び告げずして来らずば、奪林一日、○故無くして遅く来たる及び告げずして遅く来たるは、榎楚(撻)三十、○故無くして外出及び告げずして外出せるは、榎楚三十、○乱入、乱席、覆油するは、榎楚十五、○忘閉、榎楚五、但し、勇舎生(年齢は不明だが最上級生)以上は、榎楚に代ゆるに罰金を以てす。

「奪林」(停学か)「忘閉」(戸、障子の閉め忘れか)などやや意味不明の語があるが、体罰が罰則の中心になっていることは確かである。明治三年制定と思われる「学書斎・斎規」にも、「動作節を失し、あるいは其の由《よし》を告げずして妄《みだ》りに席を起つ者は、其の罰榎楚を施す」(34)とある。

出石藩では、維新前から明確な体罰規定があったかどうかについて証拠が残っていないものの、存在したことが推測される。たとえば、寛政四(一七九二)年の藩主の弘道館への諭達に、「訓導厳ならざるは師の怠り」云々という語があり、同じ年に重ねて藩主から長文の諭達があった。この中にも「幼弱の面々は、当今眼前の利害にも勘弁なく、須臾《しゅゆ》（少し）の間も童の遊び事心の主となり、師父の教諭は恐るるまでなれば、学問の義は其の命令の厳なる所を以って素読・復読の勉励肝要の義」(35)と述べている。この藩では「厳」の意味を、文字通り体罰を含めたものとして解していた可能性もある。ただし、藩校の学習課程を詳細に調べた武田勘治『近世日本学習方法の研究』では、この藩の教育課程を「独特なペーパープランのデッチ上げ」と断じている(36)。用語の特殊性などから妥当な判断と思うが、そうだとすれば、この体罰規定も単なる机上プランだった可能性も大きい。明治初年の女学校の設立も著名であるが、これらを含めよく調べる必要がある。

三日月・真島藩校

三日月（乃井野）藩は、一万五千石で現在の兵庫県佐用郡三日月町。この藩の藩校・広業館の「日課」中にも「書物の素読を受ける時は決められた順に受けるべきである。先後を争って騒ぐようならば、句読《くとう》師からはもちろん、助教からもムチが加えられる」とある。また、上記と同様に年代不明なのだが、その「改正規則」にも、「出席中みだりに立ち騒げば、遠慮なくムチを加える」(37)とある。

勝山（真島）藩は二万三千石。現岡山県真庭郡勝山町。この藩の藩校は、明和元（一七六四）年三浦氏が三河・西尾藩から移封された時から設けられたが、「明善館」と名づけられたのは明治三年八月になってからのことである。この学規中に、「言行謹まず、学業に勤めず、制に背き教えに戻《もと》り、風を乱し俗を敗する者、夏楚之を撻《う》ち、以ってその威を収む」とし「撻つは、その怠忽者（なまけもの）を警め、之をして威儀を収斂せしむる也」と説明してある。しかし、この藩校についても「惜しいかな、百余年の久しき、その状況の一斑だも窺い知るの緒なし」の状態ということなので、『日本教育史資料』による限り、さらに詳細を知るべくもない(38)。あるいは明治に入ってからの新罰則であった可能性も大きい。

福江藩など・維新後の問題

福江（五島）藩は、一万二千石。現長崎県の五島列島・福江市。この藩では天明年間（一七八〇年代）に藩校「至善堂」を創立したが、文政四（一八二一）年「育英館」と改称した。ここでは「育英館警」を「校内に掲示」していたが、この末尾の部分に体罰を行うことが明言されている。

「行いが悪く、学業が進まず、教えに違《たが》い風俗を乱すようなら、懲戒・鞭撻して、悔悟の念を起させる」とある。これについてはさらに説明もあり、それによれば、「犯したことの軽重により……重きは体罰を加え、あるいは退学させる」とあり、「体罰は長さ三、四尺の小竹で臂《ひじ》（臀《しり》の誤りか）肉を打つ。回数は一から十内外まで」とされている。

ただし、明治三年四月に改正した学則には体罰の規定は消えている。この時、薩摩や東京から学者を招いているから、彼らの影響もあったのかも知れない(39)。ともあれ、この藩の場合は、一八二〇年代から体罰を併用した能力主義的教育政策に走ろうとしたと考えられる(至善堂から育英館という、藩校名の改称にも注意)。

この他、ドーアは伊勢崎藩(群馬県、二万石)の灸罰の事例を体罰の部類に入れている(40)が、前にもふれた理由で、ここではそうしない。他藩校では灸罰の例をみないが、この藩は一貫して朱子学(山崎闇斎派)を固守し、庶民教育にも熱心だったことと関係があるかも知れない。

郷校とされているものの中で体罰が行われたことがはっきりしているのは、土佐藩幡多《はた》郡宿毛《すくも》の「旧高知藩家老采地学校」のみであろう。ここは「藩立学校に準じる」地方武士の学校で、「士籍にある者の子弟は、督促されなくても一人も入校しないものはいなかった」と言われる。この学校の設立に従事した吉田武十郎、小牧三四郎の両人は、寛政一一(一七九九)年に「小児の教育のことは、規則は厳にし、教え方は寛にするべきだ」という指示を出したが、実際に行った教育法は、体罰を含む、今日からみればかなり苛酷なものだった。すなわち、

罰則は、子どもが誤りがあると当日の係が教師に告げ、教師はその罪状の軽重を調べ、軽い時は午後の退校の際、校内に用意してある竹根の杖を係に授け、当人の膝を露わさせ、二、三

回あるいは五、六回ムチ打たせる。多くとも五回以上はさせない。幼稚の者には特に配慮をする。（罪状が）重いときは、平素の行いを糾《ただ》し、午後退校を禁じて校内に留め置き、教師と当日の当番たちが居残り、ともに相対したまま暗くなっても語らず食せず……現に、一昼夜校内に留め置いて食事を禁じた場合がある。……その厳格だったことはこのようなものだった(41)。

とある。

『日本教育史資料』で「郷校」と分類されている学校で、明治以前のこととして体罰の記載があるのは、この一例くらいである。明治に入ってからのことがはっきりしている藩校は、（大和）郡山藩（奈良県、一五万石）の藩校・造士館である。ここの明治三年に定めた「定則」に、「諸教授は、……頑凶暴慢で教えに従わない者があれば、重き罰に処し折檻し、悔悟しない者は学監と相談してすみやかに退学させても良い。もっともそのことは学頭へ届け出ること」(42)とある。この場合の「折檻」を体罰を含まないものと考える余地がないわけではないが、維新後の政情不安・価値観の動揺と関係して、いくつかの藩では新たに体罰規定を設けるということがあったのかも知れない。

この点にかかわって注目されるのは、「大政奉還」した徳川家が移封された静岡藩沼津兵学校附属小学校の「小学校掟書」（明治三年正月改定）である。この詳細な掟書全四十一条のうち、二条（第十二条、第二十九条）にわたって折檻の語が使われている。しかし、第十一条、第二十七条には次のようにある。

第十一条　もし怠惰、乱暴の所業又は師命にそむく事があれば、捧満、黙座、逗校、禁足あるいは罰格の賤役などを逃れることはできない。

第二十七条　月々の試業、三級（教育内容が三段階に分かれていた）の進退など小学生の褒貶賞罰は、ことごとく小学校頭取の差（指）図によるべき事。ただし、笞杖は堅く禁制のことい(43)（傍点引用者）。

捧満《ほうまん》以下の罰は、あとでふれるように、寺子屋特有の罰である。他方で、この規定では「笞杖《ちじょう》」を固く禁じている。このことは、他の条文でも折檻することとしている内容に、「笞杖」を含んでいないということである。折檻は必要としても、「笞杖」はよくないとする考え方が識者の間で定着していたのかも知れない。なおまた、頭取（校長）の許可がなければ、教師が勝手に罰を与えることができない規定になっている。

維新後の静岡藩の小学校は、この段階では、「藩中子弟士族厄介等に至る迄」(44)（明治三年七月布令）の武士学校であった。また、この学校は、学制以前の維新期の諸藩の学校のモデルになっていた面もあるから、過渡期の思想・制度を探る上で、注目すべき点が多い。

琉球（沖縄）は、江戸時代には薩摩藩と中国の両属の形をとっていたが、ここでも支配層の子弟の学校で体罰が行われていた。『日本教育史資料』には「慣習律」として次のような記述がある。

一、出席が一カ月に十日であるが、これを懈《おこた》る者は笞一ぺん。ただし勤惰簿がある。これで懈る者を調べるのである。

笞は小竹で指ぐらいの太さである。長さ二尺五寸（約四五センチ）ばかりで掌《たなごころ》を笞《むちうち》する。教員がこれを行う(45)。

安里彦紀『近代沖縄の教育』(46)によれば、寛政九（一七九七）年に定められた真和志之平《ひら》等学校（士族の中等的学校、王城の地首里周辺に三カ所作られたうちの一つ）の「規模帳」に「笞定の事」というのがあり、これによれば、読み違いに対しては、一回につき「科笞（笞を科す）一ツ」。講義の欠席には、「科笞五ツ」などと規定されている。「平等学校に入学する者は、年齢十五、六歳の青年で……大抵は五、六年間通学して退く」(47)という。二〇歳前後の者まで笞打つというのは、本土内ではほとんど見当らない。琉球の場合は、中国からの影響関係を調べてみる必要がある。

時習館学規

これまでは、体罰規定のある藩校ばかりみてきた。ここでは逆に、体罰禁止規定のある珍しい藩校、熊本時習館の場合をみてみたい。なお、大多数の藩校では、体罰規定は存在しなかったけれども、行われもしなかったことは言うまでもない。

熊本の時習館は、宝暦五（一七五五）年の創立で、ちょうどこの頃から盛んになってきた諸藩の藩校創立熱に、一典型として強い影響を与えたと言われている。競争意識を巧妙に「活用」したこの時習館の著名な学規に、体罰否定の思想が明文化されているのだから、その影響も大きかったと思われる。

「時習館学規」は創立の翌年に藩儒・秋山玉山によって定められたとされている。しかし、この学規には、広く知られている「十三則」のものの他に、「十七則」のものがあったことが、最近名倉英三郎氏によって明らかにされた(48)。結論からさきに言えば、体罰禁止規定のみに限れば、両者とも字句上の違いのみで本質的差異はない。ともかく、まずよく知られている「十三則」の方からみてみたい。

各教室はきれいにし、常に掃除をし、机や座布団が縦横になり、書物を散乱し、煙草道具、

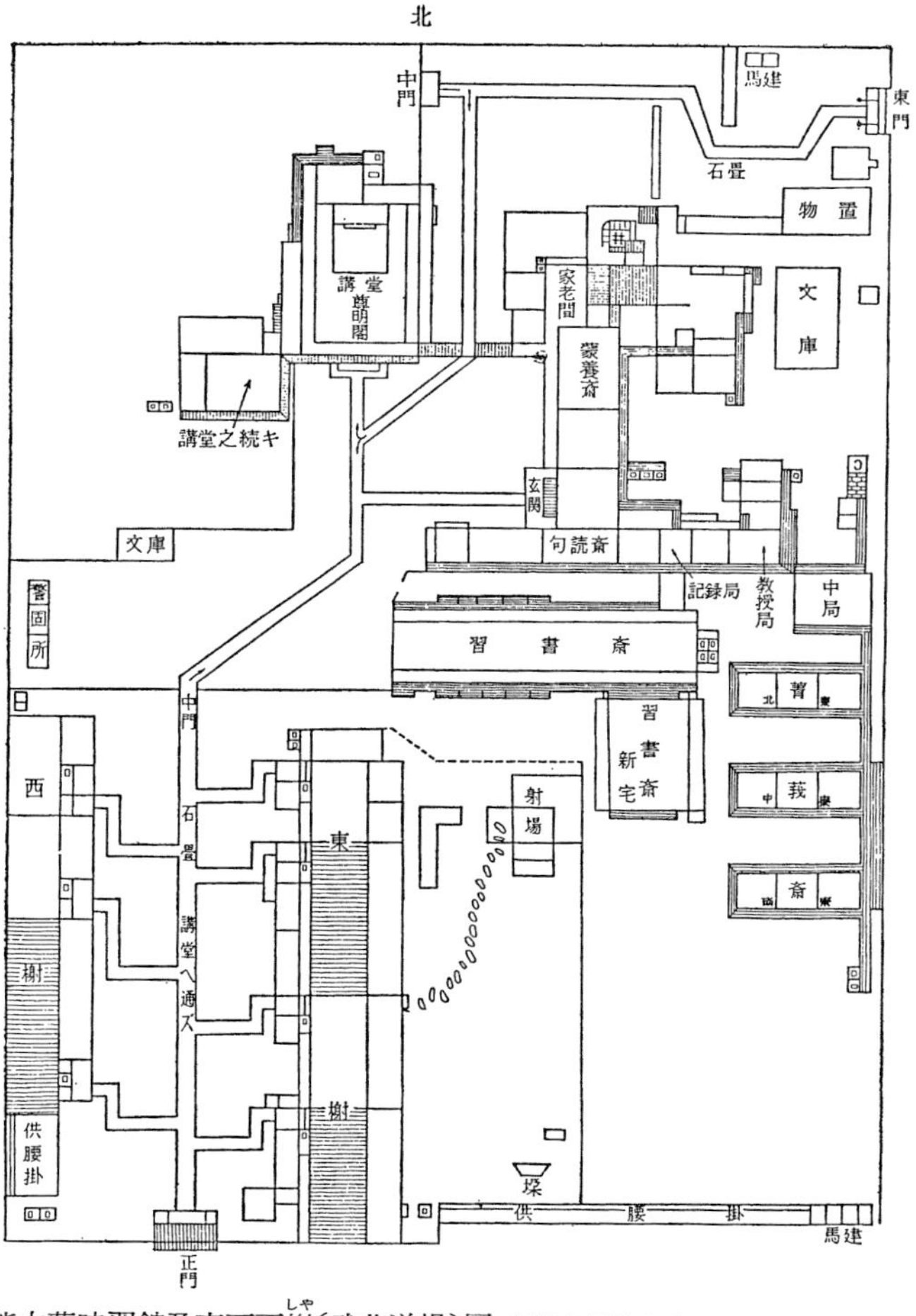

熊本藩時習館及東西両榭《しや》(武芸道場)圖(『熊本縣教育史』所収)

茶碗をわざと散乱させることを許さない。又、服装の乱れた者たちは直ちに入室を禁ずる。又、大酒を飲みうたい騒ぎ、人物の良し悪しを言い、ワイ談、ふざけ話をするのを許さない。学校の学生で、学規に従わず礼法にそむいて書物を傷めたりする者があれば、責めがある。初犯は記録し、再犯は「縄愆庁《じょうけん》」(誤りを正す部屋)に入れ治す。それでも改めないものは、仲間が「鼓を鳴らして之を攻め」(『論語』先進の故事による、強く責めること)即時退学させて、永く君子の仲間に入れない。昔は榎楚という二つのもので威厳を保ち、明《みん》の制度では竹篦でたたいた。ただ昔と今とでは基準を異にし、日本と中国では風俗が違う。したがって、今は必ずしも(中国の方法に)よらないのである。(その代わりに)集愆《けん》冊(罪犯を記録する帳面、失愆冊とも言った)を置く(点線・傍点引用者)。

ここで、体罰に関し「日本と中国では風俗が違う」とされている点が、きわめて注目される。すでに述べたように、中国では体罰が多用されたということが、ここで裏づけられているとも言えるからである。

名倉論文において、より古いものと推定・紹介された「十七則」では、点線部分が存在せず、傍点部分が「後世竹篦で罪の軽重により三回、五回と打ったが、このやり方をとらない」となっている(49)。訓戒の配慮、字句の点でより整備されたと思われるが、内容的に本質的な違いはないのである。ところで、同じ年に同じく秋山玉山によって書かれた『時習館学規科条大意』が伝えられている。これは、「『学規』の註釈の如きもの」(50)と言われるが、ここにはさらに、この『学規』の背景となる近代的とも言いうる児童観が明瞭に表明されており、興味深い。

窓、壁、戸口などに落書きをする者には罰を与える。しかし、子どもの性(質)として遊戯を好む。強いて罰して学校を牢獄のように恐れるようになると、函丈編《かんじょう》(礼記曲礼上)にあるように、過厳の害を成すことがある。したがって、俗間の今日の師(郷土の手習師匠を指すか)の罰し方のようにすると、教育を害する。だから、のばし、のびのびさせる(舒暢《じょちょう》)ことが必要である。畏縮させてはならない。子どもを束縛し、牛馬のように追いたてるのは、人材養成の本意ではない。だから、ただ日月を重ねて怠らず、いつとなく習熟するように教えるべきである(51)。

この『大意』には、さきの「十三則」のことばがほとんどそのまま入っている。「十三則」との関係の深さが推定されるが、それはともかく、徂徠派であったと言われる一方、細井平洲(六五ページ参照)との交遊も深かった玉山の合理的な子ども観が、よくわかるのである。もっとも、このように子どもを「舒暢」させようとする時習館の進歩的な方針に対して、内部の教官には批判的な人も存在しなかったわけではない。三代目教授（学頭にあたる）の玉山の弟子・高本紫溟《しめい》は、謹厳なことで定評があり、「少年粗暴の風」を強く憂え(52)、一時玉山の学規を撤去し、朱子の「白鹿堂書院掲示」を掲げたと言われる。ただし、彼も体罰否定論者であったことは、その「敷教大意」に明らかである(53)。

その背景

『時習館学規』は、藩校創立自体がその重要な一環でもあったこの藩の「宝暦改革」の性格との関連も考慮される。この藩政改革は、一八世紀後半の三名君の一人とされた細川重賢《しげかた》と大奉行堀平太左衛門によるもので、その後の各藩の改革の一モデルとして仰がれた。細川治下の二百三十余年間、藩政に影響するほどの百姓一揆は起らなかったが、その理由の一半は「統治方式の巧妙さ」(54)にあったと言われる。この原点となった改革である。

体罰の否定に関しては、法制史上著名な刑法改革との関連も注目される。辺境の外様の大藩では、相対的に幕府法とは独立した戦国以来の苛酷な刑罰体系を維持するところが多かったと言われる。熊本藩では、この期に過酷な古法に代えて近代刑法に近い徒刑（懲役刑―自由刑）を刑罰体系の中心に据え、更生への配慮もし、「諸藩羨望の的」(55)になったと言われる。

笞打ちの刑は存続させたが、大奉行の堀自身が自ら肩ぬぎし、役人に手心を加えず笞打たせ、その痛みの体験から笞打ちの回数を一〇回から一〇〇回までの一〇段階に再編したと言う。この刑法は草案の段階では「明律の模写」であったが、編纂過程でかなりの日本化が進んだと言う(56)。笞打ちの程度のこのような修正などは、その典型ということになろう。

江戸時代の法体系こそ「由らしむべし、知らしむべからず」の方針がとられ、刑法はその裏をかく行為が警戒され、この典型であり非公開であったが、堀のエピソードは当時から広く知られていた(57)。ともあれ、『学規』との思想的関連性が推定されるのである(58)。なお、時習館に通えたのは、武士のうちでも上、中層の一部だったことを付け加えておく。大藩の藩校では収容能力や門閥主義の強さから、こういう形がむしろ普通だった。

1 児玉幸多「大名と諸藩」(『歴史と旅』臨時増刊八巻二号、秋田書店、一九八一年)三五ページなど参照。
2 笠井助治『近世藩校の総合的研究』吉川弘文館、一九六〇年、三〇~一ページ参照。
3 同右書、三四ページには、明治二、三年に「藩学」と改名した福岡、松本、岡各藩の事例が示されている。
4 日本教育史資料研究会編『日本教育史資料の研究』玉川大学出版部、一九八六年、二二ページなどを参照。
5 多田建次氏の『近代学校成立史の研究』(玉川大学出版部、一九八八年)が出版され、この第二章第一節に、本項にかかわる問題が詳細に論じられている。参照願いたい。

6　松居弘道訳、岩波書店、一九七〇年、第三章「規律」（九三〜六ページ）、および第一法規、一九七六年、第一章第四節「藩学校における訓条罰則」（九六〜一〇四ページ）参照。
7　文部省編『日本教育史資料』（以下『史資』と略称）五、六〇六ページ参照。
8　たとえば『史資』二、五七一ページ、津山藩の記述を参照。
9　同右書、二、一八八ページ。
10　ドーア、前掲書、九二〜四ページ。
11　以上『史資』二、三六一〜二ページ参照。
12　それぞれ同右書、一、一三八ページ。二、五七三ページ参照。
13　同右書、一、一八一ページ。
14　以上は、同右書、三、二五四〜六一ページ参照。
15　特に佐賀藩の事例がよく知られている（倉沢剛『幕末教育史の研究三』吉川弘文館、一九八六年、一〇ページなど参照）。
16　ドーア、前掲書、八一ページ。
17　『史資』一、二五三ページ。
18　同書（講談社現代新書、一九七一年）一三二〜四四ページ参照。
19　それぞれ『史資』二、三三三および五三五ページ。三、五一および二九二ページなど参照。
20　同右書の該当巻、ページを参照。
21　「罰則、条例なし。不品行あるいは学規を履行せざる者は放逐して参校を停るに止る」と。同右書、二、五九八ページ。
22　『史資』二、五二七ページ参照。

23 『史資』二、二四〇ページ参照。
24 時間厳守については、岩波文庫版『旧時諮問録』下、一五一ページ参照。また、氏家幹人『江戸藩邸物語』（中公新書、一九八八年）三二ページ以下の「時間厳守の作法」参照。
25 『史資』の該当ページ参照。
26 同右書、二、五七三ページ。三、二七三ページをそれぞれ参照。
27 講演「藩校と地方文化」（熊本市）一九八七年一〇月三一日放映、NHK教育テレビの録画による。
28 杉山光信ほか訳『〈子供〉の誕生』みすず書房、一九八〇年、八四ページなど参照。
29 『弘前市教育史』上（同編纂委員会、一九七五年）一九～二〇ページ。
30 『史資』一、七一六ページ。
31 詳細は、前掲白河次郎『古典教育学』二七～九、七一～二ページなどを参照。
32 『史資』一、七〇九ページ。
33 井上和夫『諸藩の刑罰』人物往来社、一九六五年、一七～二〇ページ参照。
34 以上は、『史資』二、三八〇および三八八および三九五ページを主として参照。
35 『史資』二、三七〇～六ページ。
36 講談社、一九六九年、五五ページ。
37 『史資』二、五四三～四ページ参照。
38 『史資』二、五七七ページ参照。
39 以上は『史資』三、一九〇～三ページを参照。
40 ドーア、前掲書、九二ページ参照。
41 以上については、『史資』三、四九七～五〇〇ページ参照。

42 『史資』一、一一ページ。
43 『史資』一、一八四〜六ページ参照。
44 『史資』一、一八四ページ。
45 『史資』三、五五八ページ。
46 三一書房、一九八三年。
47 同右書、四四〜六ページ参照。
48 同氏「肥後熊本藩時習館学規二種に関する覚書」(『日本教育史資料の研究Ⅵ』同研究会、一九八七年)。
49 以上の原文は、同右書三六ページ。
50 熊本県教育会『熊本県教育史』一九三一年、五三ページ。
51 同右書、五四ページ。
52 同右書、九三ページ。
53 野田寛先生講述、熊本市編『肥後文教と其城府の教育』一九五四年、一七八ページ。柴滨の「敷教大意」は、前掲『熊本県教育史』四一ページ参照。
54 児玉幸多ほか編『新編物語藩史』第一二巻、「熊本藩」(森田誠一筆)新人物往来社、一九七七年、二三六ページ。
55 服藤《はらふじ》弘司『刑事法と民事法――幕藩体制国家の法と権力Ⅳ』創文社、一九八三年、一三三ページ。
56 同右書、二四三〜五ページ参照。
57 亀井魯(南冥)『肥後物語』中「堀平太左衛門簱を試みる事」(『日本経済叢書』一五巻)五一〇〜一ページなど。
58 熊本藩の刑法は以後も仁恵主義、寛刑主義に徹したと言われる。服藤、前掲書、二八九ページ参照。

2　武士の生活・教育と地域集団の体罰

1　武士の生活と教育

武士の生活

これまでは、体罰を中心に思想、藩校の規定などをみてきた。ここでは、武士の生活や教育の実態そのものに迫ってみたい。当時の武士は、最下層の「三一《さんぴん》」（三両一人扶持の最下級の給金の侍）や、足軽と呼ばれた人たちを含めても、ほぼ総人口の七、八パーセント以下しか占めていなかった。したがって、農・工・商の「三民」の長たる「（武）士」はエリート（選良）意識を強く持っていた。しかし、武士身分の内部をみると、その中でさらに上から下まで極度に細かく序列化されていた(1)。だから、上級武士と下級武士とでは、そのエートス（精神的雰囲気）に大きな差が生じ、有すべき教養の種類・程度にも大きな段差が生じていた。

「家」の構成も大きく相違していた。藩による相違がまた大きいが、殿様（大名）から、年俸千石以上くらいの上士《じょうし》、百石くらいまでの中士、それ以下の下士とでは、「家」の構成人員数やそれに起因する諸条件がかなり相違していた。

上級武士ほど家の規模が大きくなる主たる理由は、石高にふさわしい武備を常時義務づけられていたことによる。たとえば、将軍直参である江戸の六百石級の旗本は、慶安（一七世紀中頃）期の規定では、「いざ鎌倉」という場合に一三人の兵員を動員する義務があり、平時の登城の場合も、侍三、四人と槍持、馬の口取、挟箱持《はさみばこ》、草履取《ぞうり》、中間《ちゅうげん》の計八人ぐらいの供人を連れなくてはならなかった(2)。のちになるほど臨時雇いが増えはするものの、これらの人々や家畜（馬）を常時抱えているのが原則である。その他、出入りの職人などが多数かかわっていた。

また、「家」の存続が何よりも重視されたから、相続人たるべき長男（実際は、次男以下や養子が嗣ぐ場合も多かったが）を確保する名目で、上級になるほど妾を置く場合が多かった。このことは、当時の通念では非道徳のこととはされていなかった。それゆえにまた、上級武士の家庭では、「妻妾同居」の複雑な事情を抱えることも多かった。当時の女性自身の意識も妻妾同居に許容的だったのではあるが、それにしても、ここに家庭内暴力や体罰が生じる遠因があった。

武士の圧倒的多数は、言うまでもなく下級武士である。彼らは常時、下男や下女を雇ったり、妾を持つ経済的余裕がない。彼らの「家」は、ほぼ今日のわれわれと同様の、一夫一婦とその親

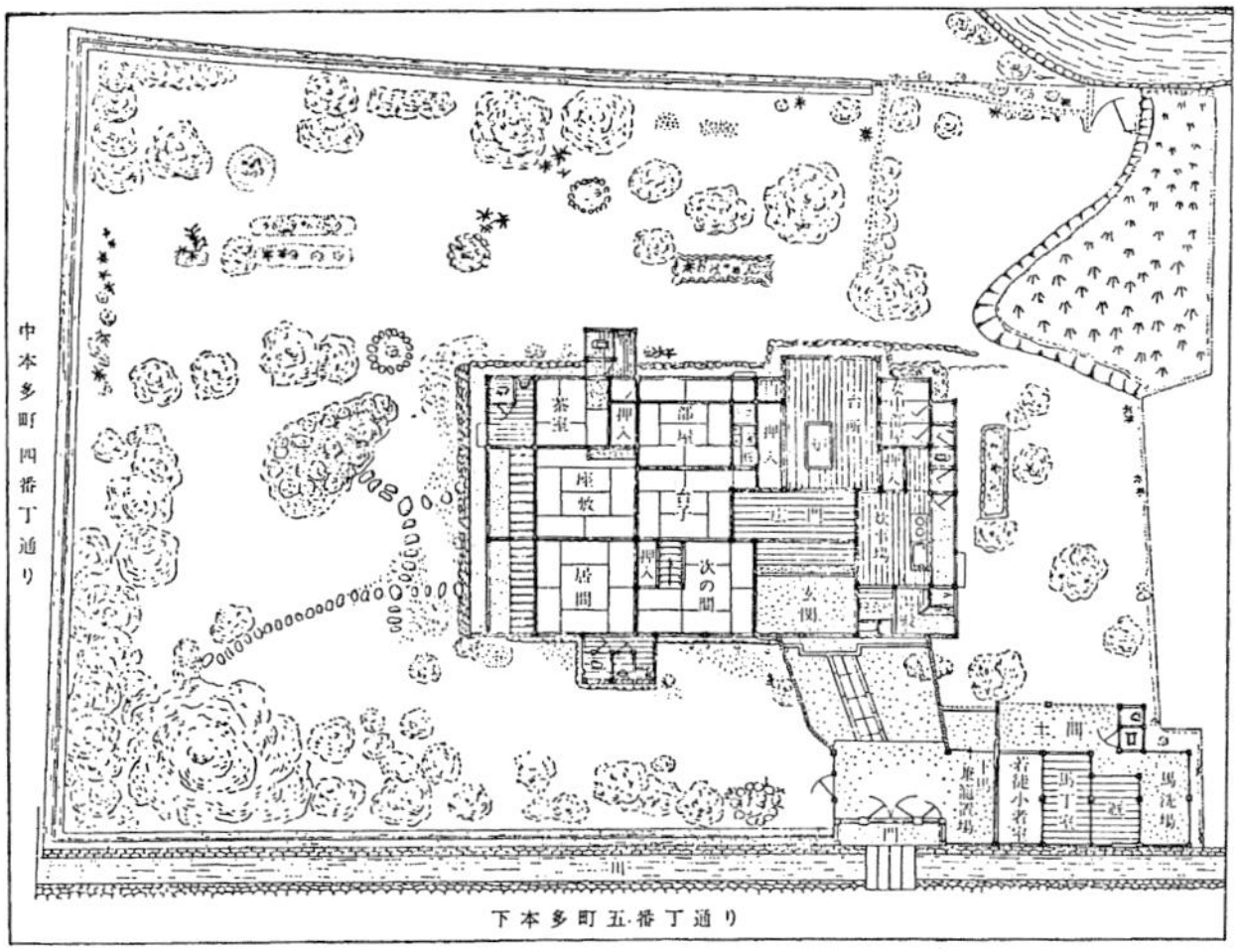

武家の屋敷

武家の屋敷地は俸禄の石高によって大きさが決まっており，藩主から拝領地あるいは御用地という形で家臣に与えられた。この図は，金沢藩の重臣である本多家（５万石）の家臣・林家（300石）の屋敷平面図である。「女中部屋」や「若徒小者室」，「馬丁室」などがあることに注意（原図は明治期の建築家の調査によるもの，石川県立郷土資料館蔵）。

や子どもという家族構成であった。

段々に窮乏化していった彼らの家庭では、下請け的な内職を多く行っていた。また彼らは、職種を同じくする者同士で「組屋敷《くみやしき》」と呼ばれ、現在も「御徒《おかち》町」などにその名を残している社宅風の集団住宅に住んでいることが多い。比較的ゆとりのあった敷地内には、それぞれ自家菜園を作り、家計の補いとすることも多かった。内職や自家菜園が可能だったのは、彼らの勤務形態が、二、三日ごとに交代勤務する形が一般的であり、余暇に恵まれていたことによる(3)。

身分的教育理想

「花は桜木、人は武士」ともてはやされたように、武士は庶民の模範となるような道徳の実践者であることが要請され、そのために「文武両道」の修業が必須のこととされていた（「武家諸法度」）。「文」とは、主として儒教経《けい》典（『四書』『五経』など）の学習のことで、この学習を通して道徳の何たるかを識別・感得するものとされていた。「武」の習練は、戦時に備えて平時から心がけていなければならない。（しかし、平和な時代が続き、この面は特に形骸化してしまう。）

この範囲では、どの武士に対しても当てはまる。しかし、要求される具体的な到達水準、科目、種目等には大きな相違があった。

「文」については、上級武士ほどより高度で多種類の経典の習得が要請された。一八世紀の末頃から、各藩では、多難な藩政を挽回できるような人材養成を目指して、藩校（学）を多く創設しはじめる。その規定類をみてみると、上級武士に対するほど要請が厳しくなっている。そし

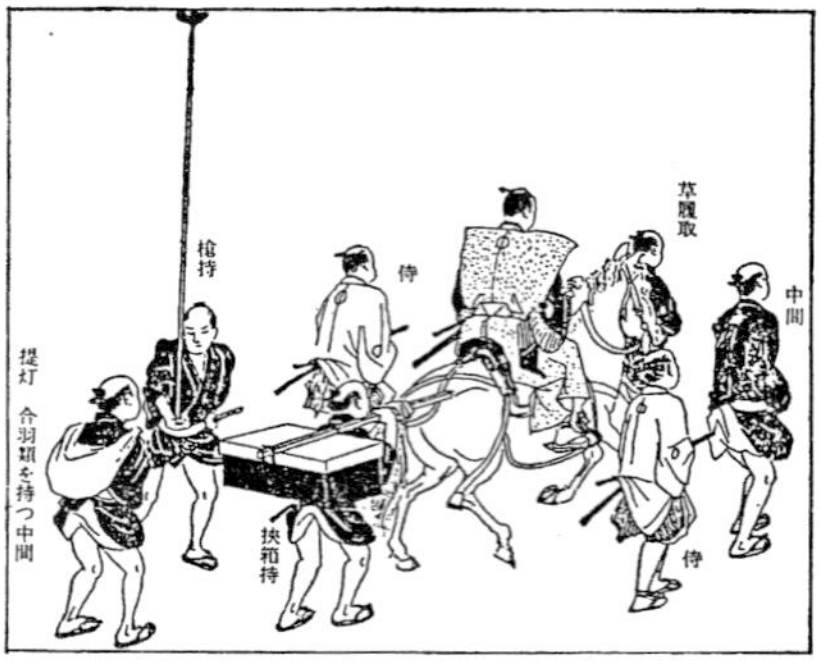

600石級の武士の供揃い（『絵図でさぐる武士の生活Ｉ』柏書房より）

て、要求される水準に達しない場合は、家督の相続や、ある段階以上の職種への就任を許さないなどと明確に規定する場合も多い。（こういう方法は「武」についても同様）それについてはすでにふれた（一一六〜七ページ）。算学の習得については、「計算ずくで行動することは武士にあるまじきこと」とする雰囲気がこの時代を通してきわめて強く、したがって、上級武士でこれを習得しようとする者はきわめて少ない。しかし、合理的精神の養成という面から（熊沢蕃山・貝原益軒など）、あるいは、指導層こそ集団で人を動かすのだから理財の計算が必要であるとする見地から（大久保彦左衛門・大道寺友山など）、算学の習得がすべての武士に必要であるとする見解も多かった。ただし、固い身分制度の中で異例の出世をするひとつのルートが計理関係の勘定方であったことからも、上級武士には、この面の能力に劣る者が多かったことがわかるのである。

「武」については、武術の師範の家柄の子息や、そういう家に養子に行こうとする二、三男以外、特に才能を認められた者などを除いては、多くの種目に広く通じることの方が重んじられた。実戦にも、その方が応用が利くとされていた。武士の武芸を総称して「武芸十八般」などと言われたが、普通は、弓・馬・槍・剣・砲・柔の「六芸」の中から数種（剣は、すべての武士に。水泳もかなり学ばれた）を選び習った。ただし、このような広く浅い習得法を「石臼芸《いしうす》」（何でも粉にするが、できた粉が粗いことから、多種の芸がいずれも大してものにならないこと）と自嘲することも、一般化していた。なお、「石臼芸」の傾向は、武士の武道習得に限らない江戸期一般の学芸習得上の特色とも言える。

上級武士の場合には、弓・馬や軍学（軍事学）の習得が特に必要とされた。弓は技術よりも「射礼」などの精神修養的要素が、特に高い地位のものには必須のこととされた。軍学は指揮官となるためである。馬術は、馬に乗ることが許されない最下級の武士には、習得を禁ぜられることもあった。槍術は戦国頃から盛んとなり、剣に次ぐ習得者があったが、鉄砲・柔術・棒術は下級武士用であった。「飛道具」の鉄砲は卑怯者の武器とされていたが、幕末に至って技術の改良と社会情勢の変化により、爆発的に盛んとなった。

武術の習得は、文道の方が庶民に何ら規制を加えられなかったのに比べ、庶民には禁ずることが多かった。ただし、「文」の習得を抑えようとした例も、幕末の動乱期には若干あった(4)。ともあれ、武士の間では興味・適性・道場への通学の便など種々の条件により、原則として広い選択が許されていたのである。習得の方法は、藩校内に武芸道場も設けられるようになるこの時代の後期までは、藩の師範の私宅・私設道場へ通った。こういう形は文道でも同様であった。

「忠」の日本的性格

忠孝が強調されたのは、何も江戸時代に限ったことではない。戦前までずっと続いていたことである。が、ここでは江戸期のそれに限って述べる。

儒教では、人が必ず守らねばならない基本モラルとして、三綱（君臣・父子・夫婦の道）・五常（仁・義・礼・智・信）・五倫（父子の親、君臣の義、夫婦の別、長幼の序、朋友の信）などが言われたが、わが国では主君に対する臣下の一方的忠誠心が、特に重視された。中国では君臣は「義合」とされ、義（ただしさ）の有無によって「臣」が君臣関係の外に身を置くことも場合によっては正当とされ、それを可能にする制度的・経済的保障もあった。しかし、戦乱時代の軍事体制の建て前を維持しつつ、家全体での君主に対する「奉公」を強いるようになったこの時代の武士道では、しだいに「君、君たらずとも臣、臣たらざるべからず」が正当とされることとなった。また、親に対する孝（行）と君に対する忠（誠）が矛盾する場合、中国では孝を優先させたのに対し、日本では忠を優先させるべきこととする。この考え方が定着してくるのはすでにふれた四代将軍家綱の頃かららしい（三〇ページ以下参照）。さらに、中国では治者階級が被治者に対し、忠を要求することが少ないが、わが国では、しばしば庶民の奉公人に対しても、親方・主人への忠誠を尽すよう布告し、（天和二年「忠孝札」など）違反した場合は、刑法上特に厳罰に処した。

いずれにしても、一方通行的な上下関係の固い枠組みの中で武士は教育されたのである。ただし、江戸時代の後期には、彼らの必須科目に近かった『四書』の中の『孟子』には、君臣関係を絶対的とはしない雰囲気やヒューマニスティックな理想主義の色合いが濃く、その影響のしかたも興味ある問題である(5)。

身分制度と能力主義

江戸期は身分制社会でありながら、能力主義を巧みに採用している面もある。危機的状況下での人材登庸はもちろん、平時でも家督相続が必ずしも長男になされず、養子にさせる場合が多いことなどからも、そのことが察せられる。能力主義は、一般に時代が下るほど盛んになってくる。しかし、建て前から言えば、知的能力よりも、「義理」のためには命も惜しまない道徳的人格の形成を重視し、特に身分の高い者は、教養豊かな人格者であるべきだとされていた。

なお、この道徳の優先の観念はすでにふれたドーアが、「江戸時代には、知的好奇心を刺激することが重要な教育学的工夫であることを説く日本のロックはいなかった」と指摘する、その遠因・背景をなしているわけである。もちろん、この事実はドーアも言うように、知的好奇心を備えた日本人が大勢いたことを否定しているわけではない(6)。

以下では、身分別に具体例の紹介を交えて、さらに実態を見極めてゆきたい。

上級武士の場合

藩主の若君などの養育は、その成否が将来の藩全体の命運に直接かかわるので、きわめて重視され、そのための教訓書類も今日多数残っている。こういう上流では、父親は子どもの養育に直接にはほとんどかかわらない。傅役《もり》である高級武士の人格・教養に優れた家来や、特に選ばれた学友が二、三人ついたりする。

寛政の改革の立役者、松平定信は、御三家に次ぐ御三卿・田安宗武の三男として生まれ、白河藩主・松平定邦の養子となったが、彼の場合がそうである(7)。母親も直接養育することが少なく、多くの時間を乳母や侍女とともに過ごす。乳母や侍女は大方家柄のよい教養豊かな女性で、そういう文化的雰囲気の中で成長する。六〜八歳ぐらいで漢籍の「素読《そどく》」(すよみ)がはじめられ、その他、武家の「式楽」(儀式に用いる音楽舞踊)である能(乱舞)、書・弓・剣術なども適宜教えられはじめる。これらは、それぞれ専門の一流の人物が屋敷へ通ってきて教えてくれる。漢籍の素読はもっとも中心的な教科で、公職から退いた(隠居した)熱心な祖父や学問好きな実兄が直接教える場合もあった。(こういうことは、むしろ中級武士以下の方が多かったようだ。)上級武士の子は、多数の家臣を統率できるような、仁愛豊かで公平に事に対処できる人格が特に要請され、そのために過保護で我儘に育てないことがいつも理想とされた。しかし、かえってうまくゆかなかったのが実情だった。名君と言われる殿様は、若い時代に辛い時代を経験した養子や次男以下が多かったことは、よく知られていることであろう。

なお、上級武士ほど、その教養が平安貴族のような芸術(文芸・絵画・能など)に傾斜していることも注目される。これは、幼少期に女性的教養の中で育つことに大きく関係していると思われる。一二歳くらいまでは、正式な学習の時間を除いては、かなりの時間を女性のみに囲まれて生活するのである（将軍の場合は、一〇歳くらいまで「大奥」で暮す）。

中級武士の場合

江戸時代の初期に活躍した代表的儒者たちは、多くの一般向けの教訓的著作を残している。その教訓の一部に、子弟の教育論が取りあげられる場合が多い。たとえば、すでにみてきた中江藤樹、熊沢蕃山、山鹿素行、貝原益軒などの著作には、教育論が特に詳しく取りあげられている。これらとりわけ益軒には、『和俗童子訓』というわが国最初の体系的教育論があり有名である。これらの著作は、武士に対するものであることをはっきり謳っていない場合が多いが、実際には、当時の中級武士を主たる読者に想定していたようである。戦国時代から平和の続く新しい社会に突入し、人々が新しい生き方、教育を模索しはじめた江戸時代の初・中期に、その要請に応え、生活のすべての面で基準・標準を打ち立てようというのが、これらの儒者たちの自らに課した課題であった。

これらの著作は、その信奉する学派の相違などによって細部では相違があっても、ともに近世儒教・朱子学の養育・教育観を下敷にしている点で共通している。しかし、この層の教育実態についてとなると、意外に資料が乏しい。顕著なこととしては、これらの教訓書類の指し示す方向とは逆に、彼らが音曲（三味線など）や文芸（戯作や詩歌。鑑賞のみではなく創作が大きなウエイトを占める）など、庶民に接近した芸術的教養に強く傾斜し、新貴族化してゆくことである。これは、当時の武士が「武士」として働く現実的意味を失ってしまっていたことに起因する、重大かつ本質的な矛盾の具体的な表現でもあった。

下級武士の場合

下級武士については、林茂香『幕末・明治萩城下見聞録』（旧名『幼時の見聞』(8)）を素材に、注目される点をみておきたい。

本書の著者・林茂香は、長州藩・萩城下に幕末の安政五（一八五八）年に生まれた。茂香の家は「組の者」と呼ばれた最下級の武士で、公けに苗字を名乗ることさえも許されない家であった。しかし、七歳の袴着《はかまぎ》以後は脇差を差し、一三、四歳からやや長い長脇差、一六歳頃から袴をつけ、大小二本を差す。「丸腰は大変な恥辱」なので、脇差を差す頃から「滅多に丸腰で外出することはなかった」。最下級ではあっても、また幕末に至っても武士としての自覚は強いものがあったことが、こういうところからわかる。これは、武家作法である小笠原流で、寝所と風呂場と鞠《まり》の時以外は差すべきだとしていることによっている（『小笠原諸礼大全』）。

彼は両親とひとりっ子（著者）の三人家族であった。

幼時には、綿絵（萩〈現山口県萩市〉では江戸絵と称した）などと共に、二十四孝の絵本や香川津二孝子《こうし》の本も玩具箱にあった。此等の本は友達の家にもあり、従姉弟等も持って居たから、萩の多くの家庭は此通りであったと思われる。

などと、当時下級武士の子でも遊具がかなり揃っていた様子を述べている。母が抱き寝して御伽話や孝行談を何度も繰り返し話してくれたが、

余が今以て覚へて居ることは、わが父が親孝行をしたと云ふ母の抱寝話である。子ども心にはわが家の物事良いと云ふことは何より嬉しいもので、「二十四孝」など知らぬ他人のことで無く、現在わが父が孝行人と聞いては嘸《さぞ》嬉しかったであろう。敬服の念も生じたろう。……稍《やや》長じて岡田の塾に通い出してから先生の孝行の講釈を聞いた時に、毎《つね》にわが父も其孝行人と云うことが心に浮かび、父の顔が目の前へ見えて来よった。

などとも書いている。昔の生真面目かつ素朴に育った下級武士の子の姿が、目に浮かぶようであろう。

2　武士の教育論と教育

教育論と子ども観

貝原益軒はその『家訓』の中で、

士は文武の家業をよく勤め、其子孫にも必ず教ふべし。……財宝を惜むべからず。

と、その子孫に諭している。武士の「家業」である「文武」に自ら励み、子孫の教育に金銭を出し惜しみせず、「明師・良朋」(すぐれた先生、良い友人)に近づけよ、と言っているのである。益軒が特別だったわけではない。武士の家庭は一般に教育熱心であった。益軒自身が『和俗童子訓』という教育論の専門書をこの国ではじめて出版したのも、そういう武士たちを対象にして一定の販路を予測できたからであったろう。

武士の子としては特に強く逞しい子を期待したろうが、そういう子ばかりであるはずがない。臆病な子には、過去の名将が幼少時に鉄砲の音に驚いたのを恥じて切腹しようとしたのを、家臣がそのくらいの敏感さがなければ良将にはなれないとかえって激励した話などが、時として聴かされた。(こういう名将や祖先の体験談を聴かせることも、重要な教育方法であった。)人見知りや赤面しがちな子が、かえって将来性ありとする意見も散見する(熊沢蕃山・常盤潭北など)。なお、知的に早熟すぎる子はかえってよくないとする見解もかなり一般化していたようで、家康などもそうした見解を述べたと伝えられている(井原西鶴『世間胸算用』巻五、田宮仲宣『愚雑俎』巻八三、滝沢馬琴『独考論』上の巻、第四(9)など)。また、江戸時代人は植物の生長の類比(アナロジー)で子どもの養育・教育を論じることが多く、その場合、今日の教育心理学で言う「レディネス」(心理・発達的準備)が成立しているかどうかということを、かなり詳細に見極めようとする。『孟子』中にも、「助長するなかれ」(公孫丑篇)という有名な教えがあるが、こういう慎重な子どもへの配慮という一面も、やはり(近世)儒教思想の影響と思われる。

「教人の法、予《あらかじめ》するを以て急と為す」

このことばは、益軒の『和俗童子訓』の序(文)中にあり、江戸時代の教育論を述べる際によく引用される。この書の序文は「君子は始を慎しむ。若し差《たが》うこと毫釐《ごうり》(少し)なれば謬《あやま》るに千里を以ってす」ではじめられ、子どもの教育的配慮は、できるだけ早くしなければならないということを訴えているのである。しかしこの考え方は、益軒がもっとも影響を受けた朱子学の体系の中にもすでにあった考え方である。

そもそも、近世儒教の集大成者・朱子は、子どもの養育・教育問題に強い関心を寄せていた。前にもふれたが、朱子学が形成された宋代には、身分的貴族制度が崩れ、その代わりに基本的に平等な立場で競争する「科挙」制度によってエリートを選抜するようになり、中国社会の一大変動期であった(九三ページ参照)。したがって、エリート層も家柄や地位に安住できず、その子弟の教育に、良くも悪くも熱心になっていた。この点についてだけ言えば、現代日本とあまり変らない事態が、一一世紀頃の中国には生じていたのである。

しかも、儒教思想には、古くから、すべてについて「なるべく早くから、事前に予測して対策をたてておくのが最良」とする考え方があった。儒教の「五経」の筆頭に数えられる『易』(経)は、全体がこういう考え方に貫かれているし、『礼記』の中庸篇には、「凡そ事予めすれば則ち立ち、予めせざれば廃す」というようなことばもあった。したがってまた、この考え方を教育論に応用することも古くから行われた。「胎教」の重視も、この思想の文脈の中にある。朱子学ではこの傾向が一段と強まった。朱子自身が、共著の形で『小学』という初等教育論書を編纂・出版することにもなるのである。「助長するなかれ」と「教人の法予《あらかじめ》するを以て急と為す」との見解の一見矛盾する関係すなわち、その絡み合い方の考察は、おそらく儒教的教育観を分析する場合の基本視点となろう。

ところで、それではなぜにまた何を、早くから教えなければならないと言うのだろうか。朱子学によれば、人は生まれたばかりの時は「純一無偽」(10)で、成長するに従い、不純な欲望(その最初に生じるのが食欲とされる。ただし、朱子学では食欲そのものを不純とは見なさない。過度に甘いものなどを欲するようになった場合、それを不純とするのである)が増大するので、そうならないうちに、なるべく早く正しい食欲のあり方等々、礼儀作法などの習慣化すなわち日本語で言えば「躾《しつけ》」、を通して形成すべきであるし、それが可能であると信じるのである。

近世儒教思想では、心の正しさは必ず形に現れるし、また現さなければ、それを他人に証明できないとする古代以来の「礼」の思想(11)が継承され、社会生活の諸場面における礼の作法が、驚くほど煩瑣に定められている。この初歩・基本を早くから体得させねばならないとするのである。

日本では、中国におけるよりも心の内面の誠実性そのものを尊重する伝統があり(前掲の相良亨『誠実と日本人』参照)、江戸時代の初期から、中国の礼の形式のみをそのまま実践する必要はない、と考える儒者が多く、実際には簡略化して考えられた。しかしそれでも、現代の能率主義的な感覚からすれば、想像がつきにくいほどの身分にふさわしい細かい礼儀作法や正しい言葉遣いが、守られるべきこととされていた。武士の家庭では特にそうであり、家庭では早くからの躾が厳しかった。しかし、藩校入学直後の幼少生に対する「不行儀」や、「整(清)粛」ならざる状態への戒めが、藩校規定中にかなりあるから、武士の子も、しょせん子どもであったのであろう。

通過儀礼・年中行事などの意味

通過儀礼とは、子どもの成長段階に応じて、それぞれの段階まで到達したことを祝い、確認する儀式である。この行事の中に、子どもの健全な成長への願いが込められていたことは、特に柳田国男の著作などによって、今日では再認識されている。しかし、柳田やその影響下にある人たちが明らかにしたのは農民のそれであり、武家社会についてはいまだあまり明らかになっていない。生後二、三〇日頃からはじまる「宮参り」や一〇〇〜一二〇日目くらいに行われる「喰《く》い初《ぞ》め」をはじめ、髪を伸ばしだす三歳時頃の「髪置き」、五歳前後の「袴着」などは、武家礼法の小笠原流にも規定があり、武家社会でこそ盛んに行われた（室鳩巣『駿台雑話』巻三など参照）。その他、疱瘡《ほうそう》などの快気祝も行われ、女子の上巳《じょうし（み）》（旧暦三月三日）の雛祭り、男子の端午（旧暦五月五日）の節句なども、毎年それぞれの初節句から祝われ、誕生日もまた祝われた。そしてこれらは、大人たち自身も、健全な娯楽の機会として楽しんでいた面もあるのである。

その他、正月からはじまる豊富な年中行事は、多かれ少なかれ子どもの参加や遊びを伴っていた。子どもを喜ばせる玩具・絵本も無数にかつ高度に発達してきていた。見世物や寺社の祭礼、遊芸人の来訪なども、ローカル色豊かに展開され、建て前（見せ物を観にゆくことなどはよくないとされた。）はともかく、大多数を占める下級武士の子どももこれらを享受できる立場にあった(12)。

通過儀礼
宮参り（上）：生後はじめて産土《うぶすな》神に参詣する。生後男子は32日目，女子は33日目が多いようである。母子ともに参詣するのが通例で守刀などを携行した（『徳川盛世録』）。
喰い初め（下）：諸説あるが，一般には生後120日目に行われることが多い。乳児に飯・魚の膳部，５個の餅をのせた三方・吸物・酒をすすめ，食べさせる真似ごとをする。年祝の一つ（『小笠原諸礼大全』）。（『絵図でさぐる武士の生活Ⅰ』柏書房より）

こういう側面から調べてゆけば、固苦しい武士向けの教訓書や著名な儒者の自伝などからは察知できにくい武士の子どもの豊かな養育や生活の側面が、浮かび上がってくることと思う。

遅くはじまる武道教育

江戸期の武士の武道教育については、今村嘉雄著『十九世紀における日本体育の研究』(13)という労作がある。しかし、この中には幼少期の武道教育についての考察は、ほとんどなされていない。ただし、藩学における武芸の始業年齢については、詳細に検討されており、「七、八歳から始まる漢籍の学習に数年遅れてはじまる場合が多い」と結論されている。この書の統計表によれば、六歳からとする藩校が一校、七、八歳からとする藩校が一三校あるが、これら低年齢の子どもにはあまりハードな訓練を課さなかったと思われる。

儒者などの書いた教訓書には、一二、三歳から、あるいはもっと遅く一五、六歳からとするものが多い。これは、戦乱の時代ではないし、内臓や骨格の発達が十分でない段階で無理に早くからやるべきでない、という認識によっている。当時のことばで「骨が固まらないうちは……」などとよく表現されている。今日の子どもの過度な練習による「疲労骨折」などのスポーツ障害事故の多さを考えると、昔の人の注意深さがうかがわれるのである。これも「レディネス」を配慮する一例だが、防具など怪我予防策が未発達であったという背景もあろう。

では、幼少時の男の子の生活に武的要素がなかったのだろうか。そんなことはない。活発な男

諸藩における「文・武」始・終業年齢

藩 ＼ 科目 始終	文		武	
	始	終	始	終
郡山	10		13	
米沢	10	24.5		
芝村	8		10	
綾部	8	15.6	8	15.6
岡	11	17	18	40
佐伯	8	17	8	17
鳥山	7.8			
大村	6.7	40	14.5	40
名古屋	7.8		7.8	
宇和島	7.8		7.8	
大洲	7.8	17.8	7.8	17.8
豊橋	10		12.3	
篠山	8	15.6	8	15.6
新見	8		15	
成羽	7.8	14.5	7.8	14.5
真島	8	23		
熊本	10	19	10	
豊津	8.9	12.3	8.9	12.3
延岡	8	25	8	25
挙母	8	15.6		
伊勢崎	8.9		15	
三春	8	15	8	15
会津	10	22	14	22
本庄	5.6	15		
富山	15	25	15	25
新発田	11	15		
福知山	8	15	8	15
舞鶴	8	20	8	20
出石	10	25	10	25
福山	8		10	15
徳山	6.7		6.7	
秋田	11		15.6	
大溝	8		13	
小城	15	24	15	24

児はいつの時代でも荒っぽい遊びを好んだ。親は他人あるいは自身の子の怪我を心配しつつも、それを好ましいことと思ってもいた。七歳の「袴着」から、最下級の武士の子でさえ脇差を差すのである。文献にあまり記されていないが、この前後に父親などから刀の扱い方の初歩を少しずつ教わってゆくのであろう。

ところで、武道教育への導入の役割をなしたものとしては、端午の節句が注目される。一九世紀のはじめに死んだ新見正朝の『むかしむかし物語』（異本名は『近世風俗見聞集』第一巻などに所収の『八十翁疇昔《むかし》物語』）に、次のようにある。

五月の節句翌日六日男子共、七歳斗《ばかり》より十二、三歳迄、大将に成べき子は上《のぼ》り兜《かぶと》をかぶり、菖蒲刀をさして麾《さしずばた》を持、供に連る子共せうふ（菖蒲）刀を指し菖蒲の鉢巻させ、ほら貝を吹て備立して、いんしゆ（員数？・印地）切《ぎり》という事をして遊、是軍陣の稽古なり。

中世に盛んだった礫《つぶて》を投げ合う危険な石合戦（印地打《いんじうち》）が、より安全な菖蒲切《しょうぶ》（菖蒲刀で切り合う）に、さらに、地面に菖蒲刀を強くたたきつけて音を競うというもっとも安全な菖蒲打(14)に変ってゆくところに平和な時代の反映がみられようが、江戸時代の初期に一般化した端午の節句の本来の姿は、こういう由来のものだった。そういうことが武道教育への下地となっていた。

のである。

熊本藩の連（党）

3　地域教育組織と体罰

藩校において体罰が否定されていた熊本藩（一三五ページ以下参照）において、武士の子どもの生活実態はいかようなものであったろうか。実は、少なくとも校外では暴力行為が風靡していたのである。

熊本では、武士の子どもは七、八歳から二〇歳くらいまで、居住区に従って「連」とか「党」と呼ばれる「郷党」に組織され、藩校・時習館の休日などに郷党の家に回り持ちなどで集まり、武士道を切磋琢磨する慣行が、起源ははっきりしないものの、存在していた。漢籍の読書や遊びもともにしたのである。これら郷党の集団には、「仮染《かりそ》めにも卑怯の振舞いをしない」「たとい姉妹たりといえども婦女子と物言うべからず」等々の「申し合わせ」があり、これらを破ったことがわかれば、その程度に応じて、仲間うちでの絶交に至るまでの制裁があった。この制裁の主軸は厳しい体罰で、「執柄《しっぺい》」（片竹を以て掌を撃つ）や「大風」（「長幼を撰ばず、大勢にて地上一人に撃当す。その人倒れるも、抗するを得ず」と説明されている）などがあったという。

また、同じ城下のものでありながら他郷党の者とは敵国人のごとく対立し、互いに侮辱されれば、仕返しをなし、勝を得て帰れば称賛され、負ければ侮辱された。明治に入ってからのことだが、西南戦争（明治一〇年）前に七、八歳の少年で郷党「通時連」の一員だった村上典吾の回顧談によれば、年長者は年少者に対して、散歩の時、他の「健児」をみつけるとわざと「ぶつかり」を命じ、喧嘩の火ぶたを切らせて格闘の訓練をした(15)。こういう場合以外にも、「横目で睨んだ」とか「往ずりに肩に衝突した」とか「罵詈《ばり》した」とかの単純な理由で喧嘩をしたが、撃ち合う時、必ず「刀の鞘《さや》打」で行い、「鞘が割れて刀身に負傷しても、之を咎むることなく、もしも鞘を払うて刀を振り回すことがあれば、その時は時習館先生の（教育的な）計らいでは済されぬ。幼者であっても、必ず抜刀した始末を遂げ、自分は割腹するという掟であった」という(16)。

熊本の中級武士出身の元田永孚《えいふ／ながさね》は、同郷の井上毅らとともに教育勅語の制定などの皇国主義の教育体制の確立に邁進した人物として著名であるが、彼の自叙伝『還暦之記』中にも、郷党の争いが凄まじかったことが、たまたま遭遇した事件により描き出されている。

余、幼稚より郷党の交遊を為さず。郷党の交りあるは、蓋《けだ》し柏木門に入り通町郷人と交わるを以って始めとす。この時藩の習俗、党友を尚び分峙して互いに雄を争う。坪井党あり、通町党あり、京町党あり、山崎党あり。時習館に出入りする毎に各党相喧争して其の勇を逞しうし、一言の侮りをも受けずして殴打血を流すに至る者日々絶えざるに至る風俗の習慣、執政諸老先生深く之を憂えて、百方之を制止せんと欲すれども未だ敢て治らざるなり。祖父君素より之を憂い、余が家山崎に住すと雖ども山崎党と相結交することを禁じ、唯だ往来同行するは祖父君の許す所となれり。故に、余各党と結交せず。孤立して一身の守を失わざるを以って主とし、人と毫も長短を争わず、一、二侮言を聞くも肯て意に介せず遠く終身の勝算を期せり。余、十四歳の時、学校より将に帰んとす。山崎党の一人荒木文彦なる者、余と同行せんと請う。余、此日留学（学校に留まる）の意あり。且つ同行を好まざるを以って姑く帰らざることを告ぐ。文彦乃《すなわ》ちその党七人と帰り去る。既にして余兄弟及び親属・郡次兵衛なる者と三人相伴って帰る途にして文彦党その党外の井沢弥万吉なる者を殴打し、弥万吉の殺害する所となることを聞く。走ってその場に到れば、弥万吉既に文彦を斬殺し途上に倒死してその党七人遁逃してその迹を見ず。余ら弥万吉に向いその始末意趣を聞き弥万吉の挙止常に変ぜざるを称賛して用あれば助くる所あらんことを告ぐ。たまたま牧先生（時の句読師にして村井先生に継ぎて余が先生なり。）来りて余等をして此処を護視せしめ、荒木の家に往て此事を報知して、其の父万蔵（文彦の父なり）と共に来り到る。此時弥万吉は已に家に帰り、其兄敬助なる者茲にありて万蔵と相対し、文彦の死骸を収斂せんとする頃、牧先生余等の護視畢るを以って許して家に帰らしむ。当時最も武士道を重んじ、弥万吉の処置称誉せざる者無くして、文彦腰刀も抜くこと能わずして殺されたるは、罵詈せざる者なく、遁逃の七人は士林に歯せられずして、後士属剝脱せらるるに至れり(17)。

こういう記述から、当時の武士道のモラルや美意識がよくわかる。たとえば（先の引用の場合とは異なり）殴打された場合、自らの受けた侮辱に対して抜刀・殺害しても、それ自体では罪とはならず、かえって対抗して抜刀して戦わなかったり、怖じ気づいて、仲間を捨ててその場から逃亡したりする者は、武士として認められず、武士身分（士属）「剝脱」の処罰を受けるのである。

薩摩藩の「郷中《ごちゅう》」

熊本藩と藩境を接する薩摩藩は、学問を軽視した藩と言われるが、「郷中教育」と呼ばれた独得で強固な武士の地域教育組織を古くから有していたことは、よく知られている。薩摩藩の場合、特に古代・中世的色彩の濃い殺伐な集団的訓練法が存続したことに一特色がある。これは、辺境の地であること、険しい山地により他国との交通が不便だったこと、などの地理的要因に起因しているのであろう。よく知られた野蛮・殺伐な慣行を二例挙げるとすれば、酒宴の際の鉄砲発射の余興および斬罪の者があった際の「生胆《いきぎも》取り」の風習などで、後者はその最たるものであったと言えよう。

前者は、酒宴の際円座の真ん中に綱を下げた火縄銃に玉を込め、縄によりをかけ、よりつまったところで火をさし、綱の手を放すというものである。円座の者は平然としてその場に座り続けなければならず、玉にあたり死傷しても、不運として諦めよ、というものである(18)。後者は、あらかじめ知らされた罪人の処刑日に、刑場に集まり、首が飛ばされた瞬間、喊声をあげて躍り込み、死骸を奪い合うもので、この際「眼の潰れたもの、腕を折られたもの、さては押しつけられて窒息するものなど決して珍しくない」と言われる。チャンピオンシップは、一番下敷になって死体に取り付いていた者に与えられ、その者は「衆人環視のうちに意気揚々として立ち上がり」「死屍を一睨《げい》して、やおら水も滴らんばかりの業物《わざもの》を抜き放ち」生胆を抉《えぐ》り取るという。薩摩藩出身の維新の元勲もみな一度はこの経験があるという(19)。

こういう鍛練方法がとられたこの藩で、罰として体罰が乱用されたのは、いわば当然のことである。郷中教育の罰(制裁)については、松本彦三郎『郷中教育の研究』に七段階に分けて説明されている。

一、訓諭

二、罰読

三、打擲——素手打

四、撮《つま》み廻し

五、「味噌圧《お》し」「布団蒸し」

六、チョカをカロハス
七、義絶
このうち、三、四、五、六が明らかな体罰である。これらについては、以下のように説明されている。

「打擲——素手打」は、剣道場で「両手を差出させ、日頃親しい仲の稚児や二才《にせ》が交々《こもごも》来って、其の両腕を竹刀にて打つ。その時の痛さに堪えないで、少しく身体を曲げたりしようものなら、背中でも尻でも一層酷く打たれるので、何処までも我慢しなければならなかった。罪の程度に従って、打つ数に多少があった。而してどんなに仲のよい友達でも、此の場合は仮借《かしやく》なく苛《きび》しく打つことに決っていた」という。

「撮《つま》み廻し」については、「諫争《かん》(強くいましめる)を加えても尚聞かない者に之を用いる。一座の真中に罰すべき者を引き出して端座させ、それから指導格の二才が一座の者に向かって〝頰をつねれ〟と命令する。円《まる》く居並ぶ稚児たちは皆争って『撮み廻し』にする。罪のやや重い者には、両頰をつねった後、更に一同は拳固を以て、或は棒杖をもって、その体躯を打ち廻す。この時多数の者の突撃を受けて転倒するのが、通例であった。なお罪の重い者は、屋外の庭前《にわさき》に引き出して地面上で之を行う。この場合は、皆立って打つが故に、打つ拳固に前よりも一層力が入るのである。両頰をつねる時に爪を用いることは堅く禁止されている。これはその頰を傷つけることになるからである」という。

「味噌圧《お》し」、「布団蒸し」について。「味噌圧し」は、「多数の稚児たちが折り重なって、罰すべき者の体軀を上から上からと圧し付けること」である。「布団蒸し」は、布団をかぶらせて同様のことをする。これは現在でも修学旅行などの際よく中学生などがやると聞く。

以上は「稚児」に課せられる制裁で、「二才」となると、このような「子どもじみたこと」は行われなかったという。

「チョカをカロハス」は、「土瓶を背に負わしめる義」で、土瓶には熱湯を注ぎ入れることから「背中に熱湯《にえゆ》を浴《あび》せ掛ける」意に通じ、郷中の制裁としては実際に熱湯を掛けることではないが、「熱湯を浴せ掛けられた如き苦痛の思いをさせる」ことで、具体的には、一時その郷中より絶交され「足一歩も門外に出ることが出来ず、この謹慎を忘れ、夜間ひそかに門外に出づるようなことがあれば、『夜脛《すね》打ち』に会う。『夜脛打ち』とは、『暗中にて相手を途《みち》に要撃(待ち伏せ)し、竹木を以って不意にその脛を打ってさらに懲らしめを加えることである』」と説明されている。

これらの制裁にもかかわらず改悛しない者は、村八分的な最終手段の「義絶」を申し渡され、実質上武士生活が不可能となり、脱藩の止むなきに至るという(20)。

以上、薩摩藩の体罰をみると、仲間うちでの全員あるいは集団によって行われることに特徴がある。もっともこの特徴は他藩の場合でも大体共通する。しかし特に集団性が強かったのではないか。維新の功業に活躍した薩摩武士相互の有名な集団性は、このような「郷中」の教育・処罰方法に起因しているのであろう。

会津藩の「什人組」

熊本、鹿児島両藩の武士子弟の地域的教育組織に類似するものに、東北・会津藩の「什人組《じゅうにんぐみ》」制度があることが知られている。この藩の少年組織の特色は、藩校日新館内の指導体制のうちにも緊密に組み込まれており、地域でのトラブルの解決にも藩校教官が組織的にかかわることになっている点である。このような体制は、実は熊本藩の場合と共通するところであり、日新館の創立に尽した徂徠学派の家老田中玄宰《げんさい》が、熊本藩出身の儒者古屋夕陽(一七三三〜一八〇六、秋山玉山の弟子)に学び、その大胆な学制改革の一環として、夕陽自身の招聘にも尽力した事実との関連性に、ドーアとともに着目したい(21)。

会津藩の場合のもう一つの特徴は、日新館へ通えるのは、士分でも「花色紐《ひも》」以上の「身分の高い士分の家、千五、六百戸(全家中の五分の一〜七分の一弱)に限られていた」こととかかわって、この組織も上士の子弟のみで組織され、「南北学館」へ通う茶組・萌黄紐、浅黄紐の中士の子弟には「別個の什人組ができていた」ことである(22)。

いずれにしても、こういう青少年自治組織には、すでにみてきたような粗暴・残酷な罰(大体集団的リンチがある）を含むが、会津藩の場合も例外ではなかった。小川渉『会津藩教育考』には、「……若しその説諭に戻《もと》りしものあれば、別に説諭を加えて改悛せしめ、若し改悛せざるに於ては、なお年長者（一五、六歳の者）に謀りて絶交し、その旨を父兄に告げその日より敵視して打擲するが如きことあり。遂に改悛の効を見るに至りては再び交際を復し、相親しむ故《むかし》の如きなり、もとその人を悪むにあらずまったくその改悛を希望するの意なるなり。然れどもその者強戻（乱暴）にして改悛せざれば、生涯絶交して相歯（仲間に入れない）せざるなり」(23)とある。制裁の結果死に至ることもあったという。また、すでにみてきた二藩の場合と同様に、刀身を抜かない形での組同士の喧嘩が重要な鍛練の機会になっていた。この藩の場合、相手の結髪を解くことが勝負の基準で、「ほどかれた者の多い組が負け」(24)であった。近代以後の運動会でのハチマキ取りは、あるいはこんなところに起源があったのかも知れない。

幕末に流行したのは、石拳《じゃんけん》による「漆《しっ》(竹)箆《べい》」で、負けると一〇～一五人もにやられ、「堪らないこと」であったという(25)。なお、有名な白虎隊の編成も、この組織をもとにしていたという(26)。

まとめ

これらの武士の自治的少年組織に共通するのは、集団ごとの強烈な対抗意識であり、些細な契機からする武力闘争や内部制裁の存在である。抜刀は大体禁じられていたが、幕末の熊本におけるように、場合によっては抜刀し、相手を切り殺しても賞讃される場合もあったようだ。若き頃の西郷隆盛の負傷のように、鞘が壊れて刀身で切られることになっても、その場合ならば、切った者は罰せられなかった。彼らは、平和の時代が続いても本質的に戦闘者であるがゆえに外出時には必ず二本を差した。したがって、「いざ」という時は自身の判断で殺人もするという武士の子の鍛練方法として、広く容認・黙認されていた慣行らしい。

しかし、上記のような組織が、大小の各藩に普遍的に存在していたとは考えられない。熊本・鹿児島・会津の他にも数藩には存在したろうが(27)、一般的傾向とは言えないと思う。そういう推測を裏づける資料があるからである。それは「大東亜戦争」の末期の昭和一九年五月付けで日本教育史学会が発行したガリ版刷りの小冊子、『旧藩時代に於ける諸藩の青少年団体訓練に関する調査(座談会記録)』である。いかにも戦時期にふさわしい(?)テーマのこの座談会は、同年三月から四月にかけて九回行われ、のべ二五名の日本教育史、日本史の研究者が参加し、情報交換した記録である。しかし、ここで取りあげた三藩以外の特色ある組織的、自治的な「青少年団体訓練」を指摘しえていない(28)。

江戸時代は、武士社会であるという枠組みはもちろん崩れなかったが、社会の大勢として温和化の方に進んでいたと、こういう面からも言えよう。しかし、これらの組織のあった藩は、維新後にも多くの人材を輩出した大藩である。この点でむしろ、維新後の体罰史展開に何らかの影響

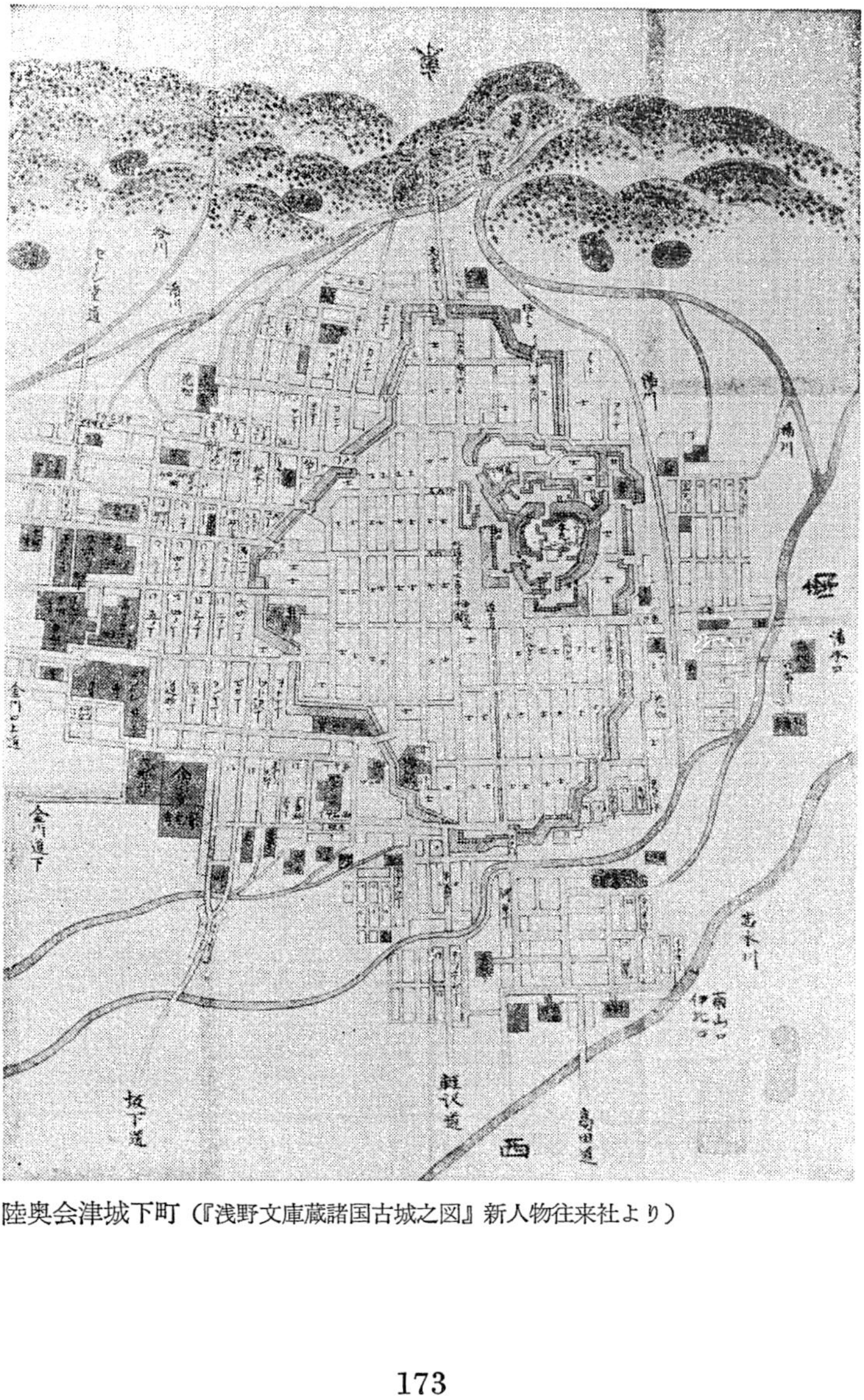

陸奥会津城下町（『浅野文庫蔵諸国古城之図』新人物往来社より）

があったかも知れない、という点を示唆しておきたい。

---

1 福沢諭吉『旧藩情』（岩波福沢諭吉選集、第一二巻）参照。

2 武士生活研究会編『絵図でさぐる武士の生活Ⅰ〈職制、儀礼〉』柏書房、一九八二年、三二〜四ページ参照。

3 『日本庶民生活史料集成』一五巻（三一書房）所収の『桑名日記・柏崎日記抄』は、桑名藩（三重県、一一万石）の下級武士の育児を中心とした日記で、貴重な教育史資料として関心を惹いており、ここではふれないが、下級武士の生活実態もよくわかる。

4 下級武士の武道制限については会津藩の場合。笠井助治『近世藩校の総合的研究』吉川弘文館、一九六〇年、二三〇ページ参照。幕末庶民に対する文道制限については、鶴見俊輔ほか『日本の百年10 御一新の嵐』筑摩書房、一九六四年、一二九ページ以下参照。

5 野口武彦『王道と革命の間——日本思想と王道問題——』筑摩書房、一九八六年、参照。

6 ドーア、前掲書、四六ページ参照。

7 松平定信『宇下人言《うげのひとごと》』岩波文庫、参照。

8 マツノ書店（山口県）発行、一九八〇年。以下の引用文は一三五ページ。

9 それぞれ『日本随筆大成』三期五巻、『新燕石十種』三巻、参照。

10 朱子が『孟子』の「赤子の心」の解釈に使ったことば（朱子『孟子集註』）。

11 西晉一郎、小糸夏次郎『礼の意義と構造』国民精神文化研究所、一九三六年。

12 前掲、注3の『桑名日記・柏崎日記抄』参照。なお、農村についてのことであるが、地域の年中行事の意味については、古川貞雄『村の遊び日　休日と若者組の社会史』（平凡社選書、一九八六年）が参考になる。
13　不昧堂書店、一九六七年発行。ここに掲げた表は、三九九ページの一部。
14　前掲、中沢厚『つぶて』一九三ページ参照。なお菖蒲《しょうぶ》は「尚武」の意味にとられていたことが面白い（日本浮世絵協会編『原色浮世絵大百科事典　第五巻　風俗』大修館書店、一九八〇年、一九ページ参照）。
15　以上については、前掲『熊本県教育史』上、三一五〜二一ページ参照。
16　宇野東風『我観熊本教育の変遷』大同館書店、一九三一年、九〜一二ページおよび、山崎正董『横井小楠伝』上、日新書院、一九三二年、一六ページ参照。
17　元田竹彦ほか編『元田永孚文書』第一巻、東京大学出版会、一九六九年、一二〜三ページ。
18　松本彦三郎『郷中教育の研究』第一書房、一九三三年、八二ページ参照。
19　平野秋来『兵児の国（薩摩気質）』（日東堂書店、一九一四年）七〇〜八ページの「生胆取《いきぎも》り」の項参照。
20　以上の詳細は、松本彦三郎、前掲書、二七五〜八四ページの「第六章　郷中の生活現象」「第二節　制裁」を参照。
21　ドーア、前掲書、一八七ページ参照。
22　石川謙『わが国における児童観の発達』〈改訂新版〉青史社、一九七六年、二六〇ページ参照。
23　小川渉、同書（同書発行会、一九三一年版）三九一ページ。
24　藤沢正啓「会津武士と日新館」（宇野哲人ほか『藩学史談』文松堂書店、一九三三年）五〇七ページ。
25　故山川男爵記念会編『男爵山川先生遺稿』岩波書店、一九三七年参照。
26　伏見猛弥『綜合日本教育史』明治図書、一九五一年、二七一ページ参照。
27　土佐藩（本山幸彦編『明治前期学校成立史』未来社、一九六五年、七二ページ参照）、大垣藩（現岐阜県大垣市、一〇万石）でも類似な制度があった（桜井庄太郎『日本青年史』全日本社会教育連合会、一九五二年、七四ページおよび、石川松太郎ほか編『日本子どもの歴史4』第一法規出版、一九七七年、二〇五〜八ページ参照)。

28 ただし、当時は調査の便宜が最悪の状態にあったであろう。今日では、詳細に調べれば確認できる藩が多く出現するかも知れない。

〔付記〕 各藩の石高は、主として幕末の不特定の一時期のものを参考までに記したにすぎない。

3　寺子屋の罰・体罰

1　問題の所在

二つの立場

寺子屋の罰・体罰をどのようにみるかということは、大げさな言い方をすれば、その研究者の歴史観、価値観に直接かかわる問題である。すなわち、過酷であったと結論づける人は、近世庶民の置かれた境遇が過酷な状態にあったと大体考えているのではなかろうか。

筆者の立場はと言えば、逆であることは、前から読み進んでこられた読者には自明に近いのではなかろうか。ただし、立場自体は大きく二つに分かれており、事の解決はそんなに単純ではない。歴史研究者は何らかの現代的問題関心を下敷にして歴史を新たに解釈し直そうとする。その場合、事実自体と「事実と事実の関連」についての筋道のゆきつくところにできるだけ忠実であ

『江戸職人づくし』（鍬形蕙斎《くわがたけいさい》）より

無款　浮世絵：寺子供幼遊び（慶応〜明治初）（『原色浮世絵大百科事典』第五巻　大修館書店より）

るべきである、というルールに従って、違った立場の研究者たちと切磋琢磨してゆく他ない。寺子屋研究は戦前からかなりの蓄積があり、戦後さらに詳細になった個々の事例研究を加えればぼう大な成果がある。おそらく、前近代の教育史研究ではもっとも研究が進んだ分野とさえ言いえよう。しかし、この全体像や歴史的位置づけについてのスケールの大きな研究は、すなわち、これからみるような戦前の乙竹岩造や石川謙の研究の域を超える研究は、その後登場していないのではなかろうか。

ところで、筆者は近年寺子屋にかかわる小論を書いた(1)。この小論は今まであまり意識化されていなかった寺子屋の「机の並べ方」が近代学校のように教師対学生、生徒という対面方式ではなかったこと、一番多いのは子ども同士の対面方式であり、師匠の位置は多く斜め隅であること、その他、部屋の条件、季節、天候で多様に変えられたろうことを論じた。この際文献資料で一番役立ったのは、これから述べる乙竹の書であった。この作業を通して痛感したのは、今までの寺子屋研究が、その分布情況や使用教科書(往来物)の研究に片寄っていたということであった。

ひるがえって、現代人が寺子屋について知りたいとすれば何が知りたいかと考えてみると、寺子屋生活や教育の実態や親や師匠、子どもの意識ではなかろうか。それはおそらく、現代の学校制度が親や子どもにとって重苦しいものになっている、その認識の裏返しの反映であるだろう。

それを実感するのは大学の講義で寺子屋の話をする時である。「寺子屋は一斉授業ではなかった。欠席が多かったが、自習中心なので進度に遅れて困ることはなかった」などと話すと、学生諸君は寺子屋に教育の理想をすぐ夢見たくなるようである。しかし、彼らにはその背後にある貧しい経済的・物質的条件と、それに制約された困難な勉学条件になかなか思いが至らないらしい。

ともあれここでは、こういう問題関心を背景に罰や体罰に関する実態に少しでも迫ってみようとするのである。

乙竹岩造の研究

寺子屋の実態研究の金字塔は、なんと言っても乙竹岩造の大著『日本庶民教育史』全三巻(2)(一九二九年)であろう。本書執筆の「志」は、明治天皇の死去を契機にしていると言われ、(この書の緒言には、大正元年九月より云々、とあるだけなので、今日の読者は見逃しがちであろう。)資料蒐集にかかる費用は、その岳父(妻の父)で真珠王として名高い御木本幸吉の援助によったと言われる。また本書は、恩師三宅米吉の推挙により学士院賞の対象としてその審査委員まで定められていたが、三宅の急死で審議未了になってしまい、東京文理科大学における第一号の文学博士の学位論文に止まったという(3)。

本書の目的は「わが邦庶民教育の発達沿革に関する包括的叙述」(緒言)であり、「明治維新後の国民教育興隆の源泉、否それに基づく国民的大飛躍の潜勢力は、澎湃《ほうはい》たる歴史の潮流の中に既にくく集積し横溢していたのである」（結語）と結論する。本書の意図は、明治人の関心のあり方の典型であり、このぼう大な研究のエネルギーの出所そのものに歴史的意味があると言えよう。

今日の時点でいよいよ輝きを増すのは、その具体的な研究方法と、叙述方法である。すなわち、氏の寺子屋の実態研究の中心は次の点である。大正四（一九一五）～六年にかけて、「友人・知己」および、当時の東京高師、女高師、各府県男女師範学校の最上級生に郷里への帰省に際し、精細な調査表に基づいた二、三日間の調査を依頼し、その結果をそのまま紹介し、また分類・統計して全国的趨勢を明らかにしたのである。この結果、当時いまだ生存中の寺子屋体験者である故老三千九十人の回答を得ることができた。うち八十余人は「師匠又はその補助者として、みずから寺子教導の事に当り、その道に従事したる経歴を有する者」であった(4)。今となっては聴きえない体験者の肉声が、本書の主要内容となっているのである。

乙竹の寺子屋の罰・体罰に関する結論は、下巻、「第六篇、隆盛期庶民教育の全国的総括、第六章、訓練の方法」に明らかである。乙竹の説くところを一部抽出すると、「従来は、寺子屋では峻厳苛酷なる懲罰が盛んに行われて、到る処人をして戦慄せしめたという伝説のみが遍ねく人口に膾炙《かいしゃ》しているが、然し記録文献にはこれを徴すべきものが甚だ乏しい。又これについて未だ研究せられたるものも無い。余の調査は三千〇《（ママ）》九十の師匠並びに寺子を併せ含んだる故老の実験報告によって、傍ら直接間接に関係ある文献図書を参考して、これを纏めたのであるから、事実に基いたるものであって、この点に関して幸いにその真相を明かにし得たと信ずる」(5)(傍点引用者)と、自信のほどを表明している。さて、体罰についてだが、乙竹は次のように言っている。

庶民教育の隆盛期(幕末のこと)においても、体罰が行われ、且つその身体に痛苦を与うる方法の如きも様々であったことは事実であるが、しかし、かかる苛酷なる体罰は甚だしき頑童に対してのみ稀に加えられたるもので、決して常に慣用されたもので無い。

そして、「殊に我が邦寺子屋の懲罰が存外温和なものであったことは、欧米における旧時の有様と比較することによって顕明となる」として、有名なモンローの『教育百科辞典』から、「むち打ち九一万回、檻禁二一万回……」の記録を残した一小学校長の記録を対比させて締め括っている(6)。

また、この書の七年後の論文「明治前日本の児童教育」では「(寺子屋は)さながら刑罰の執行所でもあるかのように言い伝えられていたが、それは認識不足の至り」(7)とまで断言しているのである。

次表は、乙竹の結論の根拠となる集計である。

順位	罰の種目	実数	その百分比	報告者総数に対する該事項報告者の割合	行はれたる地方部
一	留置	一一七一	二七・六四	三八・三七	関東・奥羽・中部・近畿・中国・四国・九州
二	鞭撻	五八五	一三・八一	一九・一七	関東・奥羽・中部・近畿・中国・四国・九州
三	直立	三一九	七・五三	一〇・四五	関東・奥羽・中部・近畿・中国・四国・九州
四	捧満	三一八	七・五一	一〇・四二	関東・奥羽・中部・近畿・中国・四国・九州
五	叱責・訓戒	二三七	五・五九	七・七四	関東・奥羽・中部・近畿・中国・四国・九州
六	茶碗と線香	一七三	四・〇八	五・六七	関東・奥羽・中部・近畿・中国
七	食止	一六二	三・八二	五・三一	関東・奥羽・中部・近畿・中国・四国・九州
八	机・文庫を負はしむるもの	一五二	三・五九	四・九八	関東・奥羽・中部・近畿・四国・九州
九	線香	一四〇	三・三一	四・四九	関東・奥羽・中部・中国・四国・九州
一〇	縄縛	一二七	三・〇〇	四・一六	関東・奥羽・中部・近畿・中国・四国・九州
一一	労役	一〇七	二・五三	三・五一	関東・奥羽・中部・近畿・中国・四国・九州
一二	身体に痛苦を与ふるもの	一〇三	二・四三	三・三七	関東・奥羽・中部・近畿・中国・四国・九州

一三	罰課	九七	二・二九	三・一八	関東・奥羽・中部・近畿・中国・四国・九州
一四	退学、破門、退《おい》出し	九六	二・二七	三・一五	関東・奥羽・近畿・中国・四国・九州
一五	机文庫負はせ帰宅せしむるもの	九三	二・二〇	三・〇五	関東・奥羽・中部・中国
一六	端座（正座）又は跪座	八四	一・九八	二・七五	関東・中部・近畿・中国・四国
一七	檻禁	四四	一・〇四	一・四四	奥羽・中部・近畿・中国・四国・九州
一八	点灸	四〇	〇・九四	一・三一	関東・奥羽・中部・近畿・四国
一九	譴責	三四	〇・八〇	一・一一	関東・奥羽
二〇	停学	二〇	〇・四七	〇・六五	奥羽・中部・近畿・中国・四国
二一	机上の直立	一九	〇・四五	〇・六二	四国
二二	机馬	一七	〇・四〇	〇・五六	四国
二三	三角台の上に座せしむるもの	一六	〇・三八	〇・五二	奥羽
二四	無言	一五	〇・三五	〇・四九	中部・近畿・中国・四国
二五	机上端座	一四	〇・三三	〇・四六	奥羽
二六	謹慎	一一	〇・二六	〇・三六	奥羽・近畿
二七	轡《くつわ》	八	〇・一九	〇・二六	中部・近畿
二八	拘留	七	〇・一七	〇・二三	関東
二九	仲間の制裁を受けしむるもの	四	〇・〇九	〇・一三	奥羽・近畿
三〇	机を負はせて村中を廻らしむるもの	四	〇・〇九	〇・一三	近畿・中国

三一	罰金又は半紙等を徴収するもの	四	〇・〇九	〇・一三	近畿・中国
三二	悪童なりとの裏書を与ふるもの	三	〇・〇七	〇・一〇	中部・近畿
三三	顔に墨を塗り竹馬に乗せて町内を歩かしむるもの	三	〇・〇七	〇・一〇	沖縄
三四	親を召喚して戒告を加ふるもの	二	〇・〇四	〇・〇七	関東
三五	町村内を引廻はし恥辱を受けしむるもの	二	〇・〇四	〇・〇七	奥羽・中部
三六	縄にて縛し家々を歩き廻らしむるもの	一	〇・〇二	〇・〇三	四国
三七	髭《ひげ》を附して辱かしむるもの	一	〇・〇二	〇・〇三	沖縄
三八	怠の字を書きたる紙を貼りて衆人の前に立たしむるもの	一	〇・〇二	〇・〇三	沖縄
三九	二人の髻《もとどり》を結び付くるもの	一	〇・〇二	〇・〇三	四国
四〇	出席簿上の日数を減ずるもの	一	〇・〇二	〇・〇三	沖縄

戦後の論調

寺子屋の躾についての戦後の論調はといえば、実は乙竹の結論とは正反対である。たとえば、石川謙『寺子屋』では、いくつかの罰の事例を紹介したあと、次のように論じている。

……右の例〈会津藩の浪人が西津軽〈現青森県〉で営んだ会津塾での「ジキドメ」〈次ページ〉という一種の訓育道具の存在などを指す〉でもわかるように、相当にきびしい躾けや罰が加えられている。体罰なども平気で行われていて、今日ではさっそく新聞記事にとりあげられ、社会問題になりそうなのも少なくない。そして、こうした行為は、師匠個人の人間的な感情（怒り）から発したことがしばしばであったのはいうまでもない。それにしても、あまりにも苛酷ではないか、と非難したくなるほどである。が、われわれは、このような苛酷ともみえる躾けや罰の背後に「肉体を鞭うち、苦しめぬいてこそ、文字をよく覚えることができる」という、当時の児童観・教育観があったのをみのがしてはなるまい。この児童観・教育観は、師匠ばかりでなく、親の頭をも強く支配していた。だから、「父兄タルモノ、カエッテ、カクモ厳酷ニナス（師匠）を称揚」（『教育法及維持法取調書』三四ページ）したのである(8)。

この書は著者の子息・松太郎氏の「構想」に基づいて書かれた（同書はしがき）。松太郎氏は近年の「日本の児童観の中での体罰」(9)の中でも、同様の趣旨を述べている。

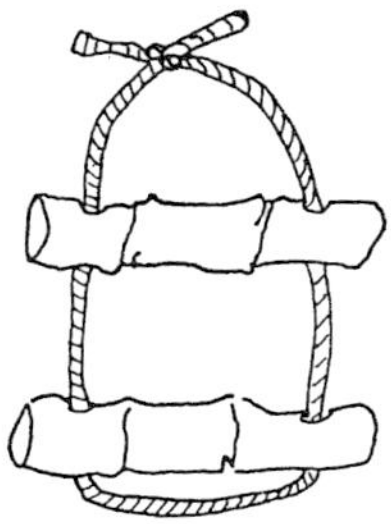

ジキドメ

また唐沢富太郎氏は、明治一七年発行の生駒恭人撰『学校管理法』に「維新前の学習に在ては、体罰一般に行われ、鞭策を以て身肢を殴つが如きはその常にして、時に或は教師忿怒するときは、鉄製の文鎮などを頭上に加えて流血淋漓《りんり》たらしめしことあり、その甚しきに至ては、身体を縛して戸棚長持の中に密閉し、過ちて死に至らしめしものまた稀れになきにあらざりしなり」とあることなどの他、明治期の人人の回顧談などをも紹介し、「こうして寺子屋では、きびしい体罰を児童に課したのであったが、師匠は父兄から尊信され、子弟教育の全責任を托せられていたから、時には児童が鞭打たれて、血を流すことがあっても、父兄の方ではあえて不平の色はなく、むしろ感謝の意を表するという状態であった」(10)と述べている。また、別の論文でも当時の児童は人権を無視され、「寺子屋における懲罰は随分ひどいものもあった」(11)と述べている。

今までの代表的研究者の寺子屋の罰についてのこれらの対立する見解を集めてみて、残念に思うことがある。一つは、少なくともこの問題に限って言えば、先行の乙竹の研究にまったくふれずに、正反対の見解が出されていることである。もう一つは、結論に至る論証が不十分と思われることである。

たとえば、石川書での「ジキドメ」なる「一種の訓育道具」は、そこに引用されている『青森県教育史』(下)には「一度も使用されたことはなかった。教権の象徴として存在していたにすぎない」と書かれてもいる。それが「相当に厳しい躾けや罰」の証拠になるのだろうか。また「肉体を鞭うち、苦しめぬいてこそ、文字をよく覚えることができる」という「当時の児童観・教育観」という説明の根拠が示されていない。そういう児童観は皆無であったとは言えないが、全体的、一般的傾向であるとは言えないことは、すでに本書の第一部で繰り返し説いてきたところである。

唐沢氏の書についても同様なことが言える。たとえば、氏の文中に体罰がひどかったとの例証として引用されている高田早苗（一八六〇〜一九三八、元早大総長）の回顧録『半峰昔ばなし』中のことばは、次のようなものである。むしろ、寺子屋の体罰が、（あったところでも）ひどいものではなかったことを示していると言えるのではなかろうか。

　手習いの最中よそ見をしたりすると、お師匠さんの棒が頭上に来ようというので、その棒は長いもので突端に綿布を包んだ玉がついていた。お師匠さんは高い所から見張っていて、怠ける子供の頭をこの棒で一寸軽く打つのである（傍点引用者）。

また、氏がひどい例として引用する他の回顧談は、乙竹が言う「伝説」に属するのではないかという問題がある。氏はこの点も顧慮していないように見受けられる。

私の立場

私の立場は、まず乙竹の研究成果を継承すべきであるということである。乙竹は、前表で第二位となっている「鞭撻《べんたつ》」について、次のように詳しく説明している。

これは、絶対比に於て一三・八一%を占め、対報告者数比に於て、一九・一七%を占めている。即ち、百人の故老中一九人強までが、寺子屋で少くとも朋輩の撻れたのを知っているという割合になっているが、寺子屋の懲罰が非常に苛酷であったという伝説のみを聴いている者は、その割合の存外少いのに驚くであろう。事実、鞭撻は怖ろしき伝説の如くに、多く用いられたるものでは無いのである。鞭撻には手で打ったのもあり、笞で打ったのもあるが、笞には竹箆を用いたのもあり、木の棒を用いたものもあり、弓折れを用いたのもあり、煙管《きせる》を用いたものもあり、扇に紙を捲いて用いたのもあり、又琉球地方の様に、一定の痛棒が用いられたのもあって様々であるが、然し多くは威嚇の為に備えられ携えられたるもので、実際寺子の身体に加えられたのは、手掌《てのひら》が多かったのである(12)(傍点引用者)。

乙竹のように長年月(約一五年間)をかけ全国的レベルで緻密に調べた人物が、こういう解説をしている場合、よほど多数のしっかりした反証が出てこない限り、その説を大筋として認めるところから出発するのが、研究の常道であろう。とりわけ今となっては、よほど多量の新史料の発掘でもなければ、確認のしようもないのであるから。

寺子屋の体罰がヒドかった、という「伝説」について、筆者は、歴史意識や心理的要素の側面を重視すべきではないかと思っている。たとえば、さきに引用した明治一七年の生駒恭人『学校管理法』の叙述など、著者の個人的体験のみで書いているのでないとすれば、近代学校制度を肯定的に描こうとする意識と無関係ではないのではなかろうか。一般に、時代の進歩や発展が信じられる時代には、過去が事実以上に醜悪化して描かれるということがある。（こういうことは、戦後の研究史自体にも当てはまる。）

心理的要素は、筆者の立場からすればさらに重要である。第一部で考察してきたように、わが国では、一八世紀には大声で叱ったり、残虐な行為をなすことは動植物に対してさえ避けたいとする心理が一般化していた。この雰囲気は幕末から維新期にも、普通の庶民の普通の価値観になっていたことは、すでに紹介した外人の見聞記などからも察知できよう。ここで、このことに関する史料を多少補う。

幕末に幕府の御徒《おかち》（将軍の近衛兵）であった山本政恒の記録には「身の行いは神君・家康公の御教訓を守り、子を育るに、怒を示し打懲らすなどは決してなさず、教えを守らざる者には気を長く、度々言い聞せ、ついに守らする様(に)なしたり、子の悪しきは我が教えの足らざるものと思い候」(13)（傍点引用者）などとある。また、明治八（一八七五）年生れで、江戸下町育ちで日本の伝統文化に詳しい長谷川如是閑も、次のように言っている。

元来私が銃器嫌いなのは、私の先輩の江戸の町人が、武士の腰のものを嫌ったのの続きだった。当時の町人には、腰のものの持主の自慢する「切れ味」が一番いけない。魚を切ったり、鶏をしめるのさえ、昔は魚屋や鶏屋でない江戸っ子はやらなかった。魚屋や鶏屋には、商売だから許されているが、生き物の命を素人が手にかけるのは困るというので、孟子のいわゆる「君子は庖厨《だいどころ》を遠ざく」以上だったのである。……(14)

上方に比べ、喧嘩早いと言われた江戸の庶民がこういう雰囲気だった。そういう環境の中で育った子どもたちにとっては、ちょっとした体罰が大きな恐怖感を感じさせるという面があったのではなかろうか。「伝説」化されている「苛酷な体罰」も、いちいちここでは取りあげないが、大した体罰ではないものが多い。子ども時代の稀な恐怖シーンが増幅されて、成人になってから書き残される、という傾向があったように私には思われてならないのである。

2　信州と江戸の事例

長野・諏訪郡の調査方法

これから使用しようとする史料は『長野県教育史　第八巻、史料編二、明治五年以前』(15)資料ナンバー八五「諏訪史編纂のための寺子屋調査」である。この史料は、大正一〇(一九二一)年四月に、諏訪郡史編纂の一環として、郡役所名で郡内の小学校長にあてて、あらかじめ一〇項目にわたる詳細な調査項目を指定し依頼したものの回答を、そのまま収録したものである。

同種の資料は、他の都道府県教育史にも散見するが、この資料を選んだのは、それなりの理由があってのことである。それは、次の三点である。

(1) 大正一〇年の調査であること。同種の各地の資料は、農村疲弊の一般化を背景とした郷土教育運動の推進を契機として、昭和初期や一〇年代に行われたものが多い。寺子屋教育を体験した古老からの聴き取り調査を主とせざるをえないこの種の実態調査では、古老の生存度から考えて、少しでも古い時代の調査が尊重される。

(2) 調査項目が一〇項目もあり、これは明治一六(一八八三)年の『日本教育史資料』編纂のための文部省による全国調査時のものを基本的に踏襲しているのであるが、調査方法の項目に「コレ以上ノ調査ヲ望ム」とあり、その調査への真摯さがうかがえ、調査項目、時代的記載の記述方法等について、『日本教育史資料』時の調査より、細部にわたる記述を求めていること。これにより、この地域の寺子屋の実態が多面的かつ詳細にわかること。

(3) これが本書の課題にとってはもっとも貴重なのであるが、調査項目の第四項「寺小屋《(ママ)》ニ設ケタル綱領ノ類」に『日本教育史資料』の調査時にはなかった次のような「但し書き」がついていることである。すなわち、「但、明文ナキモ長ク実行サレ来レル慣例アラバ（賞罰・盆暮ノ贈物等実例ニツキ聞キタシ）記載ス」と（傍点引用者）。これにより、この調査結果においては、他の調査にはほとんど登場しない体罰の具体的ありようが、かなり詳しく描かれることになったのである。

諏訪郡の実態

ここでは、（体）罰が行われた事例を記載順に原文のまま抽出し、（ただし、同じような記述は重複を避けた。）全国の寺子屋で普遍的な（体）罰などについては、私の説明文を加えることにする。

(1) 罰としては訓誡・おとめ位なもの（御子柴膳左衛門ほか五人の師匠分をまとめた回答）。

〔説明〕「おとめ」（御留）は「留置」とも言い、全国的にもっとも多く用いられた罰であることは、乙竹書の表（一八四ページ）を参照。近代以後の小学校では、「居残り」「残される」ということばがよく使われたアレである。

(2) 多くは留置、年取りたるもの詫びてつれ帰る。茶碗に湯を入れ、持ちて立たせたることもあり（下諏訪町本町の寺子屋）。

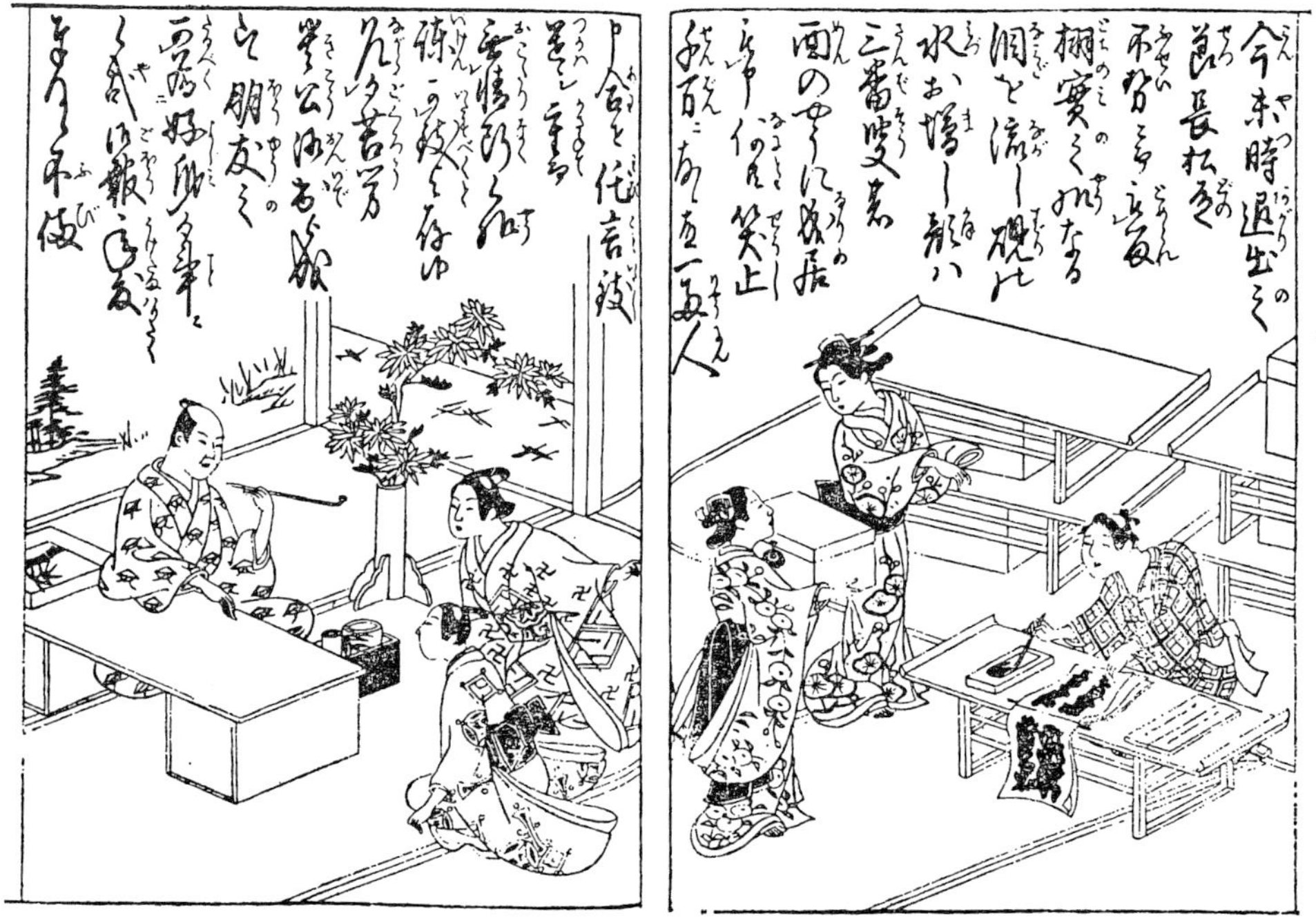

今未時退出之節　長松殿不勢ニテ被留　栩実之様なる泪を流し硯の水を増し顔ハ三番叟の面のやうに成居被申何共笑止千万になる故　一両人申合わせ侘言致遣シ　重而無軽断候様　諫可致与存候　乍御苦労　貴公御出被成候ハバ　朋友之可為好身候事ニ候哉　御報承度まいらせ候　不備

子ども往来（北尾雪坑斎の画と言われる。国会図書館蔵『絵本あつめ草』巻15所収。刊行年不明。）

〔説明〕「茶碗に湯（水）」を持たせ（もう一方の手には線香を持たせる場合が多い。ヴァリエーションもいろいろある。次例参照。）机の上に座らせたり、立たせたりする罰は「捧《ほう》満」と言われ、寺子屋に特徴的な罰である。詳細は後述。他人が本人のために謝罪することによって許されるという、寺子屋独得の赦免法についても、のちにまた述べる（二一二ページ以下）。

(3) 順道（師匠の名）時代には、罰として茶碗に湯を汲み、両手にて持ち立たしむ。重きは、机の上に汲みたる湯を置きて起立。留置は年取りたるもの行き詫びて連れ帰る。孝念時代（慶応年間）には、茶碗に湯の罰はなし（下諏訪町、観照寺住職の寺子屋）。

(4) 自分の文庫をかついで縁側へ出して立たせて置く、軽きは師匠の前へ立たせて叱る（久保田元右衛門師匠）。

〔説明〕自分の（机や）文庫を担がせるのは、破門や退学を意味する重い罰であった。机・文庫は、入門の際親が同道して自分用の物を持参するのが一般だったからである。この場合のように、縁側に立たせるだけの場合は、破門や退学までは意味しなかった。

(5) 師匠の大声を挙げて叱る時の言葉、「ねんじり棒へつるすによってそう思へ」、庭に松の木のねじれたるあり。故にかく云へり。大概師匠の前へ立たせて叱る（和田彦八郎師匠）。

〔説明〕このように威嚇するのみで、実際はほとんど実行しないというやり方（それだけでも当時の子どもには大きな脅威となったということ）も多かった。

(6) 罰ハ「オ止メ」「シッペェ棒」等（四賀村普門寺区、柴宮善左衛門師匠）。

〔説明〕 たたく場合のことは前節の乙竹の説明（一八三ページ）を参照。

(7) 「訓戒ノ一例」、冬ナド非常ニ寒キ北ノ口ノ室ニテ一人手習ヲナサシメラル、文庫ヲ負ヒタルマヽ師匠ノ務ヨリカヘラルヽマデ止メオカル（北神戸、横川師匠）。

〔説明〕 部屋の条件の悪い場所、すなわち、日当りが悪く寒い場所、縁側の何も敷いていない板敷の場所などでの手習いは（当時は、畳敷の手習場は、大都市以外はいまだ少なく、板の間に薄縁《うすべり》を敷く場合が多かったようである。）ただでさえ正座に苦しんだ子どもにとって、板の間の手習いは、体罰的要素を持った。

(8) 赤イ頭布ヲカムラセル（以下に書かれている罰については重複するので省略、上原区、土橋又兵衛師匠）。

〔説明〕 これは、見せしめ的罰である。見せしめ的罰の種類は、師匠によってきわめて多様で、この頭巾の罰は乙竹書の前掲の表にもない。中国の「文化大革命」時の報道写真を思い出す。

(9) 悪戯ヲナスト当番ガ（師匠に）申シ上グルト叱シ、甚ダシケレバ机文庫ヲ負ハセ及ビ留メ置キ、水ヲ盛リシモノヲ持タシメ又ハ暇ヲヤル（鮎沢の師匠）。

〔説明〕師匠は別室におり、順番に呼び出して習字の批正や、読み方を教えるという形態も多かった。師匠が別室で教えることが多い場合は、手習い部屋で練習しているはずの大多数の子どもは（師匠の目が届かないので）騒ぐことが多かった。それで、当番に報告させるのである。

(10) 体罰行ハル（具体的には書かれていない。北大塩区のいくつかをまとめた報告）。

(11) 小罰ハ文庫机ヲカタツケテ座敷ノ隅ニ勤（謹）座ス、中罰ハ生徒ノ親父ヲ呼ビテ云ヒキカス、大罰ハ停学退学等ヲ命ズ（湯川区、日々庵）。

(12) 罰ハ主ニ（体罰《ママ》）手習ヲ怠ルモノナドニハ尻ヲ打チテ戒メタリト、今ニ木村幸作ノ家ニハシッペー棒ト称スル尺八様ノ棒アリ（山口区、木村家の寺子屋）。

(13) 罰、ゴンコ（拳固か？）直立、留置、師匠ノ前ノ復習（他所から師匠を呼んだ笹原の寺子屋）。

(14) ごしょう（御師匠）様の留守はごしんぞ（御新造）様のさしづに従へり。仲間うち喧嘩をこけば、ご新造様のおさばき有レ之き。ご新造様の言ひぶんに「師匠弟子を打つは憎むにあらず、てまえがたはいへば師匠をうらんではならぬ」と言ふ説諭だい（上古田、両角浦右衛門師匠）。

〔説明〕師匠が用事で外出の場合、臨時に奥さんが教えたり、あるいはふだんから共同で教える場合も多かった。（その場合奥さんは、初歩の入門者や女児に裁縫を教えることが多かった。）「師匠弟子を打つは……」は、寺子屋の読み物教科書の代表『童子教』中にある、「師匠の弟子を打つは、悪《にく》むにあらず、能からしめんが為なり」を下敷にしている。寺子屋に通う子どもは大体、これらの句を暗誦しており、（それほど繰り返し唱えさせられた。）ここでは御新造さんが子どもに手を焼く際、この句で怖い（よく体罰を加える）師匠を想起させたのであろう。あるいは、威厳がない御新造さんなので、体罰を乱用し、その言い訳にこの句を乱用したのかも知れない。

(15) 古老の口碑、他人ノ下駄半足クミタル《(ママ)》（交換する、方言）者ハ五文ノ罰。（八ッ手区の寺子屋をまとめて報告したもの）。

〔説明〕ワラジが普通だった時代に下駄は貴重品だった。雨が降ると寺子が多く休むのは、雨具の心配と、雨の日のみ下駄を履くことがあり、その下駄がないことによるところが多かったらしい。なお、このように金銭で弁償させる現実的・応報的罰は藩校・私塾・寺子屋ともに結構存在した。

(16) 賞罰ナシ。仲間同志デ机ノ上ニ立タセルコトハアリタリ（木《き》間区、折井師匠）。

〔説明〕仲間同志でリンチ的な制裁をすることも多かったろうが、あまり記録には残されてないようだ（乙竹書の表で四例のみ）。

⒄ 蔵ニ禁錮シ、又ハ線香ヲトモシテ終ルマデ持チテ立タセ……（以下略）（東茅野、五味家の寺子屋）。

〔説明〕 立派な蔵なら、外部から完全に遮断され、真っ暗闇である。粗末な小屋的なものとしても、最大級の罰であったろう。

以上で、大体全国にも共通する罰、体罰は概観できたことになると思われる。もっとも重い意味を持ったのは、机や文庫を負わせ、両親のもとへ帰らせることで、体罰として重いのは、この史料では存在しなかったが、縛って蔵に閉じ込めたり、柱に縄で長時間縛りつける類いであろう。乙竹によれば全国的には、ごく少数、本当に大木や梁《はり》から縛って吊《つる》す例もあったという。

なお、私の前の論文「江戸時代の体罰観・研究序説」では、この諏訪郡の事例について統計的考察を行い、乙竹の結果とも比較してみた。ここでの説明ばかり読んでいると、体罰が多かったように錯覚されるかも知れないが、乙竹の結果よりさらにずっと低い数字となった。しかし、この統計的比較を本書で紹介しなかったのは、計算のしかたが「科学的」でないからである。

江戸の実態

江戸の寺子屋は、江戸の占めていた位置という点からしても、その隆盛さや数の多さという点からしても、詳細に調べる必要がある。乙竹書の域に近づく実態研究ができるとすれば、その可能性の残る数少ない地域であろう。ここ数十年の区教育史や市教育史編纂過程で新たに発掘されている史料も多いと思われるからである。

ここでは、罰・体罰に関する部分的な史料紹介と、その初歩的考察を行うにすぎない。まずは二つの史料紹介から。

清水晴風翁語られし。晴風翁の二度目に行きし手習師匠は、如何にて背中を打ちて折檻せし由、其時は、師匠の弟子を打つは憎むに非ず、其悪を懲さんが為めなり。(と、) コッンと打ちたるよし。定めて引導の様なりしなるべしとおかし(16)(三村清三郎「竹清饒舌」女教師の項)。

江戸には女師匠が多かった。女師匠で体罰を加える者は少なかったのであろう。この師匠は「女師匠には珍しく背中を打った」、という語気が「如何《いかが》にて」ということばからうかがえる。「師匠の弟子を打つは……」は、諏訪郡でも説明した『童子教』に基づいたものである。こういう弁明がされたこと自体、師匠が打つことを特別のこと、後ろめたいことと考えていた証拠であろう。次は、かなり詳しいものである。

さて昔でいふ手習ツ子は随分いたづら者だったが、その日課は真黒に書汚した双紙を二ツなり三ツなり定めの数だけを繰り返し繰り返し書き習ふのであるが、その最中に倦きて来るので、始めはコソコソと何か向ふ前の者（席は二人宛向ひ合ふ）と何かしゃべり出す、尤も就業中は無言、不食が規定であるに、この禁を犯すのが毎日のやうになる。で余り声音が高まって来ると、師匠より一喝を喝《くら》ふ、それのみなら(ず)、矢の根で畳を二三度敲いて大声に威嚇されるから吾等は震え上る。それで程経っていつか又おしゃべりが諸所に始まる。それが再度に及ぶと、「おくハヘッ」と師匠の大喝に遇ふ。大勢の中にいつも札附きとなっている悪太郎があるもので、それが塾頭なぞに引き出されて、師匠の面前へ平つくばってその犯則の次第を謝罪する、以後謹慎する旨を述べる。それも余り度々になれば、今でいふ退学を命ぜられるのである。さてこの「おくハヘ」という言葉が分らぬが、これは筆を啣《くわ》へさせられる処罰で、ツマリ筆を唇頭に横たへて啣へれば舌頭を振ふことは不可能となるからで、それでも次第に服従せぬやうならば、今度は引き出して厳罰に処する。その仕方は、その者の机を満座の中央へ直し、当人を机上に畏まらせ、口に筆、左手に水一杯に盛った湯呑と、右手に火をつけた線香一本を持たせられて大勢に恥面《つ》ラを曝すのである。それは師匠から赦罪の恩命の下るまでは身動きもならぬ有様で、遂には泣き出し度も箝口《かんこう》同様であればそれもならず、堪兼ねて啣へた筆を吐き出せば、又候《またぞろ》罰は重なる始末に、他の同情者より師匠に歎願してヤット赦罪の恩典に浴するので、只一ト《(ママ)》塾の習慣として可なり滑稽じみて居るが当時の手習ッ子には、斯る懲罰に痛感したものである。(中略)当時は私宅の近辺には「雷り師匠」とて、罰則としては児童を打擲する、柱に身体ごと縛り付る、それは余り苛酷な躾方なので、児童は怯えて虫気づく(神経衰弱)とまで謂はれたが、大喝するのを標榜する「雷り師匠」の威嚇には親々に至るまで怯《ひる》むといふ評判に、その御多聞(分)に漏れぬ母の慈愛で私は他所へ行くことになった。(中略)(課業中の男児・女子の種々の遊びを紹介したあとに)これ等が皆習字中にコソコソと行《や》るのであるが、師匠の見張る隙を覗っての遊びで、どうして課業中にこんなまねが出来るとなれば、何に致せ終日単純な修行に倦む傾きもあるが、実は師匠も多少手心をせざるを得ぬ場合もある。この間に銘々の勤惰《きんだ》や又筆の出来不出来を監察し置き、師匠は仮令黙して居るとも常に皆々の個性を能く弁別し置く必要がある。それは書初、席書なぞの式に当って、その事実に照して賞罰を正しくして見せる。その程度の如何に依って特典も行ふから、当人は師匠の明察に心服する。故に師の影を踏まぬ敬意(いわゆる「三尺下って師の影を踏まず」のこと)も湧き、実にその教育に就て親々まで師恩を感服する次第である。(中略)それからと、子どもの罰則の中に、余りの悪太郎に対してのみ厳罰として灸火をすえる師匠があったといふ(広田星橋「手習師匠追記」(17)傍点引用者)。

人数の多い寺子屋では、罰を多用せざるをえなかった事情や実態、それでも子どもは師匠に心服し、権威が保たれていた状況が具体的に描かれ、貴重な資料と言えよう。

雷師匠の名は、江戸では厳しい師匠を呼ぶ普通名詞としてかなり普及していた。明治・大正の女流劇作家、長谷川時雨の父、渓石深造《けいせきしんぞう》は、嘉永から安政（一八四八〜六〇）にかけての日本橋元大坂町の「雷師匠」の絵を残してくれているが、この師匠は、罰として河へ流してしまうということで空俵に子どもを入れる罰を行っていたという(18)。この図でも、そのための空俵が道沿いのもっとも目立つ位置に置いてある。

厳しい師匠は一般的に歓迎されたが、他方で、この例にもあったように甘い母親はよく転校させたようで、そのことが川柳でも皮肉られたりしている。ともかく、現代の日本とは違って、初等教育の段階で転学が自由というのも、当然のことながら寺子屋の一特質であったのである。

『維新前東京市私立小学校教育法及維持法取調書』

江戸の寺子屋の実態については、幸いにして詳しい書物が残されている。杉浦重剛ほか『維新前東京市私立小学校教育法及維持法取調書』（以下『取調書』と略す。）がそれである。大日本教育会から明治二五（一八九二）年に発行された。

嘉永の中頃より安政にかけ、今の日本橋区元大坂町に雷師匠と称せし習字の師匠あり、書教場は、左の如し

〽ご師匠さんのいふ事をきかないと、いたづらをしたのであの米俵へいれて今に大川へ落とす也
おいいのだ

〽やあ向こうにも灸をすえられのか線香の前で泣ているよ

〽あの俵にいる子は、どうしたの

雷師匠

この「雷師匠」の寺子屋では，師匠をはじめ，大部分の子どもが通りからよくみえるようになっている。玄関の俵を背にしている子どもは，明らかに罰を受けているところである（長谷川時雨『旧聞日本橋』より）。

『取調書』は、明治二〇年代の半ばという、東京においてはいまだかなりの数の寺子屋が存続していた時期に(ちなみに、東京では明治になっても寺子屋が多く残り(19)中には大正時代まで残存したものがある。)作成された。取調べの委員六名中半数の三名は、父祖代々の遺業を継いだ当時現役の師匠だったのである。江戸の寺子屋の実態・慣行を知る上で、彼ら以上に正確・詳細な証言をなしうる人は他に求めえまい。この資料が貴重な理由はそこにある。

さて、この書の「第八、賞及ヒ罰」の小項目、「罰の種類附厳酷ヲ尚ブ風アリシコト」をみてみよう。

罰スベキノ目、概ネ左ノ如シ
不品行ニシテ他人ニ妨害ヲ加フル者
怠惰ニシテ学業未熟ナル者
喧嘩争論スル者(多ク双方二人ヲ罰ス)
他人ヲ欺キ若クハ盗スル者
罰ノ種類ハ概ネ左ノ如シ
叱責及ヒ説諭
起立或ハ机上ニ坐セシムル等

拘留（留ルト唱へ、多ク双紙等ヲ習ハシム）
鞭笞《べんち》（束縛モアリ）、甚シキ者ハ退学セシム

以上は大体、罪や罰の軽いものから並べてある。他人を欺いたり、他人の物を盗んだりするのは、十両（現在に直せば約一〇〇万円弱）盗めば死罪とされた時代であるから、重大な犯罪と考えられていたようだ。さて、以下の説明文が重要である。

以上の内、鞭笞等即チ体罰ヲ加ヘシ状態ノ一二ヲ述ベンニ「蒲鞭《ホベン》ヲ以テ之ヲ罰ス」（『後漢書』劉寛《りゅうかん》伝の故事による。劉寛は笞刑の執行時に蒲《がま》の鞭で行い、音は大きく羞恥心を刺激するものの、肉体的苦痛を与えなかったという。）トノ意ニ出デシヤ扇子ヲ包ムニ厚紙ヲ以テシ、其撻ツヤ大ナル音ヲ発スルモ、其疼痛ハ甚シク感ゼザル等ノ具ヲ製シ、往々之ヲ以テ生徒ヲ罰セシト云フ、又カノ机上ニ坐シテ右手線香ヲ把リ、左手茶碗（水ヲ盛リタルニテ水溢レハ尚ホ罰アリ）ヲ持セシメタリト云フガ如キハ稀ニハ之アリシナルベシ、而シテ其甚シキハ束縛シテ柱ニ繋ギシトハ事実之アリシナリ、此事今日ヨリ之ヲ観レハ甚タ恠《あやし》ムベシト雖《いえども》、当時其父兄タルモノ却テ斯クモ厳酷ニナスヲ称揚セシト云フ(20)（傍点引用者）。

この説明の正確な解釈はなかなか難しい。私は、この引用文末の「厳酷ニナスヲ称揚」云々という、抽象的、主観的な用語よりは、「扇子ヲ包ムニ厚紙ヲ以テシ、……其疼痛ハ甚シク感ゼザル等ノ具ヲ制シ」や、茶碗と線香（いわゆる捧満《ほうまん》）を「持セシメタリト云フガ如キハ稀ニ之アリシナルベシ」という具体的な説明の方に注目すべきであると思う。このあとに雷師匠の説明があるが「雷師匠ハ折弓モテ生徒ノ臀部ヲ撻チシト云フモアリト雖モ、信スルニ足ラス」と断言しているのをみても、雷師匠であってさえ、むやみに体罰を加えないようである。（前掲二〇五ページの雷師匠も空俵の前に子どもを座らせているのみで、空俵に子どもを入れているわけではない。）

もちろん例外もあったろうが、むしろ江戸の寺子屋では一般的には体罰に対してきわめて慎重であり、羞恥心に訴えたり、恐怖心を適度に利用すること自体が主だったと考えるべきである。今まで紹介してきた罰、体罰の体験談もよく読んでみると大したものでないものが多い。広田星橋の場合はややひどくみえるが、それでも師匠の側が苦心惨たんしながら、最後の手段として「厳罰」に処するのである。大体、子どもを傷つけたり、殺してしまったりする史料を筆者は一つもみなかった。あったとしても、師匠に遠慮して知らせないという事情もあろうが、そういう事故には相当の神経を使ったと推測してもよいのではなかろうか。少なくとも現代の小中学校より安全な場所であったと考えてよいであろうと思っている。

3　捧満・あやまり役・縄縛

捧満

捧満《ほうまん》という、ほとんどの現代人には未知なこのことばは、寺子屋に特有な罰として近世の絵本や双六にはよく描かれている。現代人にこのことばが知られていないのは、いわば当然のことで、今日のわが国最大の国語辞典『日本国語大辞典』（小学館）にも、江戸時代語では定評のある前田勇『江戸語の辞典』（講談社学術文庫）にも載せられていない。前にみた明治三年の沼津兵学校附属小学校の罰則にもこのことばがある（一三二ページ参照）から明治初年には使用されていたようだが、筆者は江戸時代に使われていた事例をいまだ知らない。

ともかく、この全国的に広がっていた寺子屋特有の罰（一八四ページ以下の乙竹の表を参照、この表で六番や九番も広義の捧満に入る。）が、寺子屋の罰は苛酷だったとする「伝説」の重要な根拠となっていた。したがって、この伝説に懐疑的な乙竹は、この処罰法の起源・内容・意味の追求に特に力を入れ、調査当時生存中の「種々の故老に聴き合せ」ている。この結果の一つとして、ある「雷師匠」が考案し、「広く江戸市内に伝称《(ママ)》せられ」たという起源論を紹介している(21)。この捧満の罰の起源論は、乙竹も一説として紹介しているにすぎないが、私にもかなり疑わしく思え

とめらるゝ
子ハ
不勢
にて
いつも文庫
に
のせら
るゝ

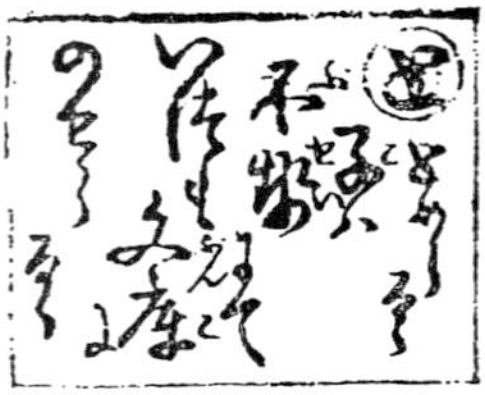

絵本『寺子短歌』より

る。私の一仮説では、迷信の強かった当時のことだから、寺子屋の守護神的役割を持つに至った天神（菅原道真）信仰と関係する相当に古い方法ではなかったかと思われる。（こういう推測をするのはおそらく私のみではないと思う。）「雷師匠」の名も、普通、声が大きくて厳格であるとの意味で解されるが、天神様が本来「雷神」であったことと関連があったのではないかと思ったりする。ただし、いまだ文献的証拠がまったくなく、あれだけよく調べた乙竹にも、何らこういう言及がない。

起源論はともかく、この罰の内容・意味について大著『日本庶民教育史』出版の七年後、乙竹はさらに詳細、懇切に次のように説明している。

捧満や線香に就ては、世に誤解が伝ってゐるから、一応これを弁明しておく必要がある。……捧満は……満水の茶碗を片手に高く捧げさすのであるから、手が疲れて来ると零《こぼ》れる。零れると、それは以ての外であるといって、更に折檻を加へる。さうした意図の下に課せられたのだと言はれる。又線香は、火が付いてゐるから、持ってゐる中に段々燃えて来て、遂には放さなければならない。放すと、それは不都合であるといって、更にお灸を据へる。その目論見で、これを持たせたのである、などと伝へられてゐた。然し調べてみると、これ等は決して、さうした特にたくらんだ責苦では無かったのである。寺子屋は、何といっても習字本位の教育所であったから、硯に入れる水を盛った茶碗が必ず備へてあったものである。悪戯児《いたずらっこ》には、それを捧げさせておいたのであった。又時計の無かった時代であるから、課業の時刻は線香で計ったものであり、火の付いた線香が師匠の身辺には備へられてゐたのである。悪戯児には、罰課としてそれを持たせておいたのであった。孰《いず》れも畢竟《ひっきょう》、有合せの物を使って、労役を課したものに外ならないのである（「明治前日本の児童教育」）(22)（傍点引用者）。

なお乙竹は、七〇年の経験を持った「鈴松堂の老女師匠」の話として、これらの罰は、「しばしば聴いた所であるが、実際においては、課したることも視たこともない」(23)ということばも紹介している。何度も繰り返すことになるが、少なくとも大筋では乙竹の所説が正しい、と筆者は思うのである。

あやまり役

寺子屋で師匠から罰を受けた場合、師匠の妻、寺子屋の近所の老人（泣き声など聞きつけてやってくるという）、子どもの家の近くの人、親自身、子どもの友達が、本人に代わって謝ることによってようやく許されるという謝罪法が一般化していたことは、非常に面白いことではなかろうか。明治二〇年代ともなると、この風習はすでに奇異なものと感じられるようになったらしく、前掲の『維新前東京市私立小学校教育法及維持法取調書』には「奇談」として次のように書かれている。

> 茲《ここ》ニ奇談トスベキハ当番ノ生徒中、予《あらかじ》め請宥役（アヤマリ役ト称ス）ナルモノヲ托シ置キ、譴責ニ遇フ者アル毎ニ、此者ヨリ其罪ヲ宥《ゆる》メンコトヲ請ハシムルヲ以テ師ハ後来ヲ戒メ然後《しかるのち》之ヲ宥ス。其状演劇ヲ見ルガ如シト(24)（傍点引用者）。

「あやまり役」のことは、江戸の寺子屋では前出の広田星橋の体験談中にもあり（二〇三ページ）、諏訪郡や他の江戸の事例でも一部紹介してある（一九四ページなど参照）。

机、文庫を負わせる罰は、机、文庫を負わせて帰宅させるという退学を意味する罰の緩和された形であろうが（乙竹表の八番目、一五番目参照）、このような退学的処分を決行する場合も、子どもが帰る前にあらかじめ近所や親に人をやって通告させ謝りに来るよう手配しておくこと(25)も広く行われたらしい。

こういう慣行から何を感じとるかは難しい問題である。広義に言えば、入門の際友達となる同門の寺子全員に菓子など配る慣行(26)とともに、日本的集団主義の一形態ではあろう。直接子ども自身が謝っても、それだけでは駄目なのは、貴人に対する即答を許さない方法などに見習って「師弟関係の隔絶」を意識的にねらったのかも知れない。同時代人の論評など発見できれば面白そうだが、残念ながらこの点でも、まったく推測を裏づける史料を知らないのが現状である。しかし、ともかく『実語教』にあるように、「他人の愁を見ては即ち自ら共に患うべし」という教訓が現代よりずっと重んじられた時代の産物であることだけは確かである。

縄縛

家庭でも寺子屋でも、子どもを縛る折檻方法がかなり存在したことは、現代人からすれば衝撃的なことである。

ところで、「世界のいずれの国の人も真似のできない程に巧妙な様式と熟練した(縄縛の)技術を完成させた」日本人が、「懲罰のためやその他の理由で人を縛ること」が「民間において日常茶飯事となっていた」ことに注目したユニークな論文に、家永三郎氏の「戒具の歴史」および「江戸芸術における日本的倒錯美」がある(27)。これらの論文は「日本文化と日本社会とのアンバランス」や「ちぐはぐな文化の歴史」「あまりにも不揃いな日本の文化」「貧弱かと見える一連の歴史の中に断続的に燦然《さんぜん》とかがやく高度の文化遺産――この異常な組み合せが、日本文化史の真実なのである」(28)などと説く碩学によるものだけに、実証例も豊富で日本文化史の負(陰)の側面を徹底的に暴き出している。もちろん、子どもの折檻に縛ることがよく行われたことも大きく取りあげられているのである。

幕末に日本の官憲に逮捕されたロシア人ゴロウニンの手記に「後に知ったことだが、日本では縄で縛るということは至極ありふれた事で、学校で生徒が怠けたり、悪戯したりすると、その罰の軽重に応じて、ある時間罰として後手に縛るのである」とあることなども引用されている(29)。一茶の句に「涼風の　吹く木へ縛る　我子哉《かな》」、「わんぱくや　縛られながら　よぶ螢」などがあることも、紹介されている(30)。

筆者は、特に江戸期の日本人は子どもを溺愛し、甘やかすことが一般的で、体罰もあまりひどいものではなかったとする立場で本書を書いてきた。そういう観点からすると、正反対の観点から書かれているが、他面で、家永論文で示されるような側面が、江戸時代（特に後期）に陰の部分として存在したこと自体を認めないわけではない。武士の地域教育には体罰的側面があったことはすでにふれた。本書では取りあげなかったが、当時多数存在した継母・継子の関係や、徒弟（丁稚）奉公・農村（特に若者組）(31)・遊女・やくざの世界では、体罰が多く行われていたことは引例に暇がないほどである。本書で特に問題にしたのは、当時の思想動向と学校教育や一般的な家庭教育の場での問題である。それでも、中級以上の武士の家庭でさえ体罰が皆無だったわけでもない。

一茶の俳句について少し付け加える。小動物や子どもに自己の抑圧された心情を投影するかのような一茶の句が、江戸時代後期の子ども観や子どもの実態を知る好資料であることは、疑いない。しかし、最近の北小路健『一茶の日記』(32)に明らかにされているように、日記も俳句もしたたかな計算・創作意図の上に存在していることを忘れてはならない。たとえば、同書にも引用されている、継子一茶に対する哀れを誘う『父の終焉日記』中の次の文章、すなわち、

明和九（一七七二）年五月十日、継母が男の子仙六を生んだ。この時私は九歳（実は一〇歳）になっていた。哀れにも、この日から私は仙六の子守りに使われ、日の長い春も、仙六の糞やよだれに着物を濡《ぬ》らし、日の短い秋は仙六の尿で肌の乾く時もなかった。仙六がむずかる

瓜盗人を縛る（享保版『傾城傳授紙子』より）

> 時は、私はわざと叱ったり、あたりちらしたのではないかと父母に疑われ、棒で打たれること、日に百度、月に八千度、一年に三百五十九日（陰暦）、毎日を泣き腫らさない日とてなかった。頼みに思うのは祖母ただ一人、いつも私をかばってくださり、そのつど地獄で仏に会ったように、危機をのがれることができた(33)（傍点引用者）。

は、明らかにかなりの創作である。

ただし、一茶の句に限らず、弱者である子どもや女性を縛ることが広く行われていたことは、家永氏の指摘のように、多くの事例がある。これは縄綯《ない》や草鞋《わらじ》づくりが一般的な農村の男の夜の作業であった時代であり、もっとも手近な統制の手段として、無神経に応用されたのであろう。帯や襷《たすき》が、服装の必要不可欠な要素であった時代という背景もあろうが、家永氏も指摘するように、やはり当時の人権意識の稀薄さのなせるところであることは否定できない。（ただし、結んだり縛ったりすることが「しばられ地蔵」の存在のように、願望の成就という面があったこと(34)も、縛ることへの抵抗感を多少とも緩和している面があったかも知れない。）

姦婦継子を責むるの図（『徳川幕府刑事図譜本編』三崎書房より。ただし、本書は実証性に問題ありとされている書。）

しかし、乙竹は、集計表中（一八四ページ）で第一〇位に位置する縄縛について、次のように説明している。

縄縛は外国には余り多く類例を見ざる懲戒法であるが、寺子屋に於ける失行を社会に於ける犯罪と同一視したる当時に於ては、必ずしも不思議なことでも無い。女児に対しては縄の代りに観世撚《よ》り（こより）を用いたが多くは縛るに及ばずこれを撚るのを見せるだけで、悪戯を止めしめた(35)。

縄縛は家永氏も指摘するごとく、「縄目の恥」ということばがあるように犯罪者の象徴でもあった。それゆえ寺子屋でもやたらに行うような罰ではなかったことは、乙竹の表の数字（三または四％）からも明らかである(36)。

1　拙著『「勉強」時代の幕あけ』所収、「寺子屋では机をどう並べたか」（『月刊百科』一〇月号、平凡社、一九八七年）。なお、拙稿「近世の女子手習図を読む」（同誌、六月号、一九八八年）も関係する。
2　目黒書店発行。戦後の復刻版（臨川書店）もある。
3　乙竹先生喜寿祝賀会編『記念誌』一九五三年、八〜一〇ページ参照。
4　乙竹、同書、中巻、六六七〜七九ページ参照。

5 同右書、下、一〇七一ページ。
6 同右書、下、一〇八一〜二ページ参照。
7 『教育学研究』四巻一〇号、一九三六年、一七ページ。
8 至文堂、一九六〇年、一九二〜三ページ参照。
9 深谷昌志編『体罰』(『現代のエスプリ』二三一号、至文堂、一九八六年)所収。
10 同氏『図説明治百年の児童史』上、講談社、一九六八年、一〇〇〜一ページ参照。
11 同氏「賞罰の変遷」(『ほめ方・叱り方の心理学』〈児童心理選集8〉金子書房、一九七六年)二〇〇ページなどを参照。
12 乙竹、前掲書、下巻、一〇七七〜八ページ。
13 吉田常吉校訂、山本政恒《まさひろ》著『幕末下級武士の記録』(原題『政恒一代記』)時事通信社、一九八五年、八六ページ。
14 同『日常性の中なる日本、如是閑翁閑話』中央大学出版部、一九六九年、一〇六ページ。
15 同刊行会編、一九七三年発行。なお、以下の史料は三一〇〜六三ページ。
16 江戸時代文化研究会、雑誌『江戸時代文化』一巻二号所載。
17 同右書、一巻四号所載。
18 長谷川時雨『旧聞日本橋』岩波文庫、三六六ページ参照。
19 乙竹前掲書、中巻、七〇六ページなど参照。
20 引用文は、いずれも同書、三四ページ。
21 乙竹、前掲書、中巻、七五九〜六〇ページ参照。
22 東京文理科大学教育学会、『教育学研究』四巻一〇号、一九三六年、一五ページ。

23 乙竹、前掲書、中巻、七五七ページ。
24 前掲『取調書』、三四ページ。
25 乙竹、前掲書による。
26 たとえば、前掲山本政恒の書に「入門の時は……相弟子へ煎餅壱人前五六枚を見込、持参するを常とす」（九〇ページ）などとある。
27 いずれも家永三郎『歴史家のみた日本文化』雄山閣、一九八三年所収。引用文は、同書、一八六～七ページ。
28 引用文は、同右書、一八ページ（「汚い社会と美しい文化」）参照。
29 同右書、一八七ページ。
30 同右書、二三五ページ。
31 竹内利美「村の制裁」一、二（『社会経済史学』八巻六、七号、一九三八年）、および大日本連合青年団『若者制度の研究――若者条目を通じて見たる若者制度――』一九二六年、中の「若者組の制裁」（二〇八～四七ページ）参照。
32 立風書房発行、一九八七年。
33 現代語訳は、『現代語訳　おらが春　父の終焉日記』（黄色瑞華訳、高文堂出版社、一九七九年）一〇三ページによる。
34 柳田国男『伝説と児童』（筑摩全集版、第二六巻、昭和五年）二四一～二ページ参照。
35 乙竹、前掲書、下巻、一〇七九ページ。
36 弘前藩校の寛政一一（一七九九）年の「典句教授規」に「その（規律違反の）小なる事は即時これを縄し」とある。罰の厳しい弘前藩ならではのことであろう。

Ⅲ

近・現代史と罰・体罰

1 「維新」と武士のエートス（精神的雰囲気）

維新期武士の役割と転生

戦後の「敗戦」の淵源を士族の存在とその意識に求めたユニークな書、福地重孝『士族と士族《さむらい》意識――近代日本を興せるもの・亡ぼすもの――』(1)には、注目すべき史料・分析が多い。たとえば、維新期には「人材登用が第一の急務」とか「貴賤にかかわらず（人材を登用する）」とか言われたけれども、その実質的内容は次のようなものであったと論じている。

公家社会における堂上・地下の身分的な貴賤の差別の撤廃、武士社会における上級士族・下級士族の階級的な上下差別を没するという意味であって、いわば旧特権階級内の人材登用に止まり、広汎な農工商社会を包含しての四民を意味するものではなかった。というのは、官吏たるものは当然人民を支配するものでなければならぬ。しかして支配者としてこれに堪え得るものは、特にいわずと知れた士族を意味する（傍点引用者）。

また、太政官時代（明治四〜一八年）の『百官履歴日録』により維新期官僚の出身階層を分析し、驚くべきことに、なんと華士族のみで九七パーセントをも占めていることを示してくれている。さらに、平民出身者とされていた六名のうち、半数の三名（このうちには「自由」教育令制定の責任者田中不二麻呂も入れられていたという。田中も士族出身であることは、今日ではすでに知られている。）も、実は士族出身であると指摘する(2)。

さらに、「五カ条の御誓文」（その一カ条として「広く会議を興し、万機公論に決すべし」があることは周知の通り）の起草者の一人、福岡孝弟のこれに対する次のような言明が紹介されている。

「一般庶民は強て之を軽んずると云う訳ではないが、政治上の要員とは見なかったのである」(3)（傍点引用者）と。佐々木克『志士と官僚——明治初年の場景——』(4)でも、岡田英弘氏の研究により、明治一四年段階において、郡区町村吏のレベルに至るまで士族の占める割合がきわめて高かったことを論じている(5)。

三好信浩『日本商業教育史の研究——日本商業の近代化と教育——』(6)は、実証的な史料の発掘、整理、分析に教わるところが多いが、特に江戸期に武士たちにもっとも蔑視された商業の教育が意外にも維新後江戸期以来の商人層には担われずに、ほとんどすべて中・下級武士出身者に担われていたことが実証されており注目される(7)。このうち多くは下級武士層の出身であり、彼らの「境界人」（マージナル・マン）としての進取性・先進性に想い至らされるのである。

しかし、武士層の中でも、官僚化の時代に適応できるタイプと脱落するタイプ、その世俗的成功・不成功による運命の明暗が時代の進展とともにはっきりしてきた。こういう観点からの維新史の解明を行っているのが、前掲佐々木克『志士と官僚』である。この書によれば、脱落する「志士的資質」の人物について、以下のような「共通するいくつかの特徴」があるとしている。

(1) 組織(たとえば政府)よりも個人の意志・信念を優先させがちで、

(2) 公的なもの(たとえば治水工事や年貢)を私的な事情・感情(地方的特殊事情など)で量るという傾向をもち、

(3) 命令、方針に対する、ときに恣意的ともいえる対応(独断・専断)がみられ、

(4) 全体として、強度の中央集権化や官僚統制すなわち組織的統制・制約に順応しがたい(8)。

このことを裏返して言えば、かつての武士には独立自尊的なエートス、すなわち、少なくとも自己の主体性や価値観を「無」にしてまでも全体や上位者に盲目的に従わないというエートス(精神的雰囲気)が、身分制度で固めた徳川二七〇年の支配にもかかわらず、その根底に維持されてきたということにもなる。旧社会の徹底した批判者・福沢諭吉がその晩年に彼の思想に一見

矛盾するような武士層の消滅という事態へ愛惜以上の念を述べているのも、このような文脈の中で理解することができるであろう(9)。「明治初年においては、教員の大部分は士族でもって満されていた」(10)と言われている。こういうわけで、士族のエートスとその変容の究明は、明治の訓育史・体罰史の研究に重要な手がかりをもたらすと思われるのである。

ただしその場合、「士族文化」が「平民」の階層に一方向に浸透したという「一方通行」を前提として考えるべきではない(11)。近世後期から顕著になる地域社会の「若者条目」に体罰規定がかなりあること(12)、近世の「自然村」では、特によそ者に対して苛酷な罰・体罰が多かったこと(13)などの事実との融合・相関・消長のあり方の解明が、より本質的な課題である。

ところで、幕末維新期の大社会変動は、ペリーの周到な計画によって「開国」に踏み切らざるをえなくさせられた、外因としての「西欧の衝撃」(ウエスタン・インパクト)が主要因であった(14)。「もし」ということは歴史では意味をなさないと言われるが、もし、黒船四隻による圧倒的な軍事力・物力の誇示という事態が生じえない国際環境下であったら、おそらく江戸幕府はもっと持続したろうし、国内矛盾の解決もまったく別の方法による別の経過を辿ったはずである。

そういう感慨が湧くが、それはともかく、以下ではまず、激動の時代の中で伝統意識に反する競争主義がどのように導入され、再び隠蔽されるに至ったかについて概観しておきたい。体罰史や罰則史・訓育史を包摂した日本近代教育史の重要な背景だからである。

競争主義とその隠蔽

福沢諭吉の『福翁自伝』は、日本人の自伝の白眉として、すでに古典的地位を認められている。しかし、この書には、福沢特有の演出家的脚色が多いと言われ(15)、「競争」(competition)の訳語にかかわる有名なエピソードも、かなりの「脚色」がありそうである。しかし、時代の変り目を象徴する話として、いかにもありそうなことでもある。ともかく話を再録しておきたい。

まずその時(井伊大老の政権の頃)の徳川政府の頑固な一例を申せば、こういうことがある。私はチェーンバーの経済論を一冊持っていて、何か話のついでに御勘定方の有力な人、即ち今で申せば大蔵省中の重要の職にいる人に、その経済書のことを語ると、大層悦んで、ドウカ目録だけでも宜《い》いから是非見たいと所望するから、早速翻訳する中に、コンペチションという原語に出遭い、色々考えた末、競争という訳語を造り出してこれに当てはめ、前後二十条ばかりの目録を翻訳してこれを見せたところが、その人がこれを見て頻《しき》りに感心していたようだが「イヤここに争《あらそい》という字がある、ドウもこれが穏やかでない、ドンナことであるか……何分ドウモ争いという文字が穏やかならぬ。これではドウモ御老中方へ御覧に入れることが出来ない」と、妙なことを言うその様子を見るに、経済書中に人間互いに相譲るとかいうような文字が見たいのであろう。……「ドウモ争いという字がお差支《さしつかえ》ならば、外に翻訳の致しようもないから、丸《まる》でこれは削りましょう」と言って、競争の文字を真黒に消して目録書を渡したことがある。この一事でも幕府全体の気風は推察が出来ましょう(16)(傍点引用者)。

維新後、この国での「競争」はいかなる様相を呈するであろうか。事情は、このことに関する限り一変した。この価値観の反転のうちにわが国が国際情勢に強いられたインパクトの大きさが象徴されているとも言える。わが国の近代的公教育制度は「学制」(明治五年)にはじまる。ここで構想された、庶民も旧エリート層も、少なくとも初等教育は教育内容・方法・教師・設備ともに本質的に同じ教育を受けるという、いわゆる単線型学校体系の考え方は、明治四年の廃藩置県以前にすでにかなりの藩が実行に移していたとされる士庶共学の方針(17)の延長線上にあった。しかし、小学生に対しても六カ月ごとに進級試験を厳格に行い、優秀な者は、どんどん「飛び級」をしてゆくことを許すという完全に競争主義的なシステム(等級制)が、この「民主的」学校体系とペアになって採用されていた。そして、教育政策に大変動のあった明治一〇年代を通して、この点については何ら基本的政策の変更はなされなかったのである(18)。

小学校の試験進級制度に公的にブレーキがかかるのは、明治二四(一八九一)年「第二次小学校令施行上の一細則として制定された」小学校教則大綱でのことで、「二校以上の学校での比較試験や相対的な成績評価など、子どもの競争心を煽るような試験の施行を禁じた」。続いて明治三三（一九〇〇）年に至り、小学校令施行規則において「小学校に於て各学年の課程の修了もしくは全教科の卒業を認むるには、別に試験を用うることなく、児童平素の成績を考査して之を定むべし」（第二三条）と、学年進級のための試験制の廃止に至った(19)。しかし、この頃となれば中等以上の学校体制、序列が固まりつつあり、教育勅語に象徴される臣民養成の場として、国民すべてが通う尋常小学校の体制の競争的側面を隠蔽したにもかかわらず、もう一方で、上級学校への入学試験の激しい競争が親や子どもの心中に大きな影を落としつつあったのである。特に優秀な者の「飛び級」は、戦前は小学校でも認められてきたし、旧制中学の優秀者は、五年間の最終学年を待たず旧制高校に入るものとされていた。

このような競争主義の観点から幕末・明治教育史の流れをさらに大観するとすれば、明治初期は、強い向上心と自らの境遇に不満を抱いていた下級武士のエネルギーに主導されて、身分制度の中で貧しいながらも安逸であることを許容されていたすべての庶民に、小学校制度の網の目を張りめぐらして、これを通して、向上心・競争意識へと喚起してきた。そしてそれが国民意識に広く深く浸透した頃、戦後にも引き継がれた「小学校における競争的側面の隠蔽」という政策がとられるに至った、と概括できよう。繰り返しになるが、小学校の競争的側面を隠蔽するのは、少なくとも戦前においては、徴兵制の下で同じく「天皇の赤子」としての国民=臣民意識を強化するという側面が最重要視されたからなのであることを忘れないでおきたい(20)。

2　明治初期の学校罰則と体罰

教育令以前

すでにみてきたように、寺子屋・郷校・藩校では、生徒心得や校則が掲げられていることも多く、その中に罰則を含んでいることもあった。「学制」以後の近代学校における校則は、明治六年(一八七三)六月に文部省が制定した「小学生徒心得」(十七カ条)が、公的なものとしては最初のものである(21)。青森県では翌七月に、同文のものを「青森県達小学生徒心得」として制定している。他県でも、同様な形で生徒心得を制定した場合が多かった。

青森県ではこの生徒心得の制定と同時に、「青森県達小学校則」も制定されているが、この末尾に「生徒とも《(マヽ)》校則或は生徒心得に乖戾《かいれい》する者は、その罪の軽重に随って仮に懲則(罰則のこと)を設くること左が如し、但しその例は追って通達す」とあり、翌年の明治七年三月、すなわち、約半年後に「兼ねて頒布の校則中罰則の条項は左の如く定められたり」として、次の七項目が示されている。

第一　退校

第二　償　破損の大小によりて増減あるべし

第三　丁役　その校の景況によりて之を定むべし

第四　居残　四時間を過ぐべからず

第五　別座禁錮　五日を越すべからず

第六　外出禁止　寄宿生なき校は此条を欠く

第七　自室禁足　右同じ(22)

文部省が罰則を制定し、広く全国に知らしめたのは、この青森県の場合より一（ト）月遅い、明治七年四月三〇日発行の『文部省雑誌』第七号所載の「官学生徒罰則」が最初と思われる。この罰則は、違反項目（それぞれ二〜一三項、もっとも軽い違反とされるものが一三項目でもっとも数が多い。）を反則の軽重により五段階に分け、罰も五段階に規定するという形式をとっている。遅刻などもっとも軽い罰は、「一週間の門外散歩を禁ず。外来生（通学生のこと。上記は寄宿生の場合、以下も同じ。）は拘留して相当の課業を命ず」とある。飲酒など第二段階の罰は、門外散歩禁止の期間が二倍の二週間となり、通学生の場合も二倍の拘留・課業ということになる。第三段階の門限遅刻に対してはこれが三倍になる。第四段階は官物や給貸品をなくした場合で、第三段階と同じ罰に弁償の罰が加わる。それでもなお数度校則を犯すなどのもっとも重いものである第五段階の罰は退学を命じ、さらに改良学校（少年院）に入れ、改悛すれば再び公、私立学校への入学を許可するというものである。なお、この罰則の末尾に次のような文章が加えられている。

生徒戒役法

生徒罰則中其の犯す処重き者は、之を退学せしめ、改良学校に入れ悔悟するを待ち、再び公私学校に転ずるを法とすと雖も、即今改良学校の設け完全ならざるを以って、校中戒役の法を設くる左の如し。

一　退学の罰則に当るものは、三週間門外の散歩を禁じ、其の間一日三度食堂を掃除せしむ。

但し、外来生は拘留して相当の戒役を命ず。

一　三週の戒役を受け猶お悔悟せざるものは、更に三週の時限を増加し学校構内を掃除せしむ。

但し、外来生前に同じ。

右戒役中再び規則を犯すものは、戒役の条目を増加し、終に悔悟の実あるを待ちて之を免《ゆる》す。尤も、戒役の主旨は廉恥を知り、その過悪を改めしむるものなれば、再三規則を犯すと雖も之を退学せしめず、到底（最後まで）其良心に復せしめることを要す(23)（傍点引用者）。

この規定の周到（「改良学校」の代替まで考えていること）かつ細緻な体系性は、後でもふれるフーコーなどが言う「区別・分類し計量・分配」する、近代西欧で発展した「近代知」の原型を想い起させる。しかも、この綿密かつ体系的に加重しつつ、どの段階でも自発的な改心を期待し、決定的な破局（復学の可能性をなくすこと）を避けようとする姿勢は、フーコーの描くところの西欧近代精神特有のものである。ただし、この罰を軽重により分類する方法の形骸化された形は、その後の各県の罰則の一モデルとして長く継承されはするが、この興味深い罰則自体は、翌年七月に廃止された。その際廃止の理由説明は特になされていない(24)。おそらく、学校という場での実際的適用、すなわち、公平かつ確実な実施に難点があることがすぐ判明したからであろう。しかし、この罰則に含まれる罰適用の思想自体は、今日の国家的罰の執行機関である刑務所において、起訴猶予・執行猶予・仮釈放の条件を細緻に組み立てている思想と通底していると言えよう(25)。

これらは、体罰禁止規定がはじめて明文化されることになった教育令（明治一二年）以前の公的な罰則であるが、いずれの場合も、体罰規定を含んでいないという点にも注目しておきたい。青森県の場合、前近代においては、体罰が公認され、多く実施されていた例外的地域であり、当時の教師は多くは旧藩士であった。それにもかかわらず、すでに体罰の実施にかかわる規定はまったく姿を消し去っているのである。

明治一〇年代前半

これから検討しようとする資料の明治一三（一八八〇）年四月二九日という日付は、文部省の教育政策史上きわめて微妙な時期である。いわゆる一二年九月の（自由）教育令から、一三年一二月の改正教育令の集権的徳育重視政策への急激な大転換期、すなわち「教育課程政策に関する変化は、教育令体制の推進者田中不二麻呂の文部省から司法省への転出（明治一三年三月一二日）の前後からきざし始めた」(26)と言われる、ちょうどその時期にあたっているからである。田中の転出の直後の四月五日には自由民権運動対策として、官公私立学校の教員生徒の結社や政治集会への参加を禁じた「集会条例」が公布されている。四月二九日の『文部省日誌』（明治一三年一六号）には、全冊が青森県からの学務心得原案（一月一九日付け青森県伺）の紹介にあてられている。このうち、些細な一項を除いて、すべて文部省に裁可されている。新政策のモデルとして青森県との連絡が進んでいたのだろうが、罰則に関しても注目すべき言及がある。まず、このぼう大な学務心得の第五章「校則の事」の第一条に、「公立小学校校則に付き心得べき要目を示す」として、その第四項に生徒の心得とあり、五項には生徒罰則とある。

また、第五条では生徒心得の内容を三つに大別し、「一は普通の心得、一は校内遵守の規則、一は教場にありて（の）心得」とし、それぞれについてさらに説明している。第六条では、教育令の体罰禁止規定を紹介しつつ懲戒行為とその基準である罰則の必要を述べ、厳罰ではなく、「弊害少なきものを概示」している。それは以下の通りである。これは学校における罰は、このような「教育的」なものであるべきであると全国に知らしめる役割を担ったのであろう。

第一款　放課後留置写字の事。但し三時間より長かるべからず。以下之に倣う。

第二款　単に留置の事。

第三款　留置の上年齢相当の業をなさしむる事。但し、相当の業とは、校内外の掃除草取などの事を言う。

第四款　放校の事。

この「放校」について、次のような具体的な説明が付されているのは、特に興味深い。

これは重き罰なり。実に止むを得ざる秋《とき》に用ゆべし。且つこの罰を行うときは、未だ決放《(マヽ)》せざるの前、教育長よりその事由を学務委員に報じ、事実に因り殊更に寛恕を父母より教師に乞はしめ、又は学務委員自ら父母とその児童に代り教師に謝するなど、臨機の処分を為すべき事とす(27)。

「興味深い」と言ったのは、一つには放校を威嚇的効果をねらって規定しながら、八方手を尽してそれを阻止しようとする規定の「近代的」思想構造そのもののことであり、もう一つは、寺子屋以来の他人に謝らせる方法が、様相を変えて受け継がれていることである。

明治一四年四月三〇日付けの『文部省日誌』第三号には、山形県から（改正）教育令二十三条に規定されている校則の制定に対して文部省が認可する範囲のうちに、生徒心得や罰則なども入るのかどうかを問い合せている。これに対し文部省は、すべて書面で具体的に上申することを求めている(28)。山形県ではこれに応じ、八月二〇日に上申し、それがそのまま裁可された。同年一二月二七日付け『文部省雑誌』三三号に、そのことが紹介されている(29)。以後これら生徒心得や罰則の各県からの上申および裁可の紹介記事が激増する。この頃は同時に、「その府県における学校の師範《モデル》としての体裁が整えられて」(30)きた師範学校の生徒心得・罰則類も、次々と紹介されはじめる。

このトップに位置する福島師範の罰の種類は、謹慎、放校の二種のみである(31)が、さきにみた明治七年の「官学生徒罰則」のように細かな違反に対する罰の段階的加重の形をとっている（『日誌』明治一四年三四号）。なお、これら師範学校の罰則にも、もちろん体罰を認めているものはない。師範学校に並んで、他の中等学校、女学校、医学校などの罰則も紹介されはじめる。これらの中には、山梨女学校(32)、広島、福山中学校(33)などのように、罰に処せられた際は、付加的に修身の行状点も一定の方法で減ずる形をとっているものがある。これは、明治一四年一一月五日付けの山口県伺い(電報)で、

「中小学の修身科は他の諸科と同じく試験をなし、其の得点を合算するや、又は試験をなさず生徒をして意味と作法とを会得せしむるに止まるや、至急指令を乞う」という問い合せに対して、「中小学の修身科は、他の諸科と同じく試験し、且つ平時の行状点を合算して及第落第を定むべし」と電報で回答している事情と関連しよう(34)(『日誌』明治一四年二五号、傍点引用者)。

点数が大きな意味を持つ時代になって、当時万能の方法と考えられた「試験による点数制度」の中に罰が組み込まれ、規則の表面から姿を消すという新段階の到来を示すものとして、興味深いものがある。

しかし、同じ頃、これらと異質の生徒心得が紹介され、文部省に裁可されてもいる。これは宮城師範学校のものであり、四カ条の一般的訓戒のあと、次の一カ条があるのみで、罰則がないのである。

「前数条を履行する能わず、屢々教員、吏員の訓誨を受くるも改心の実なき者は、到底教師の任に適せざるものと認定すべし」(35)(『日誌』明治一五年第三九号)。しかし、このことを単純に「罰則が緩和された」と解してはならない。それは、他の条項に「在学中不都合の廉《かど》ありて退校を

命ずるときは、其の給与したる学資の全額を三週間以内に償還せしむ」などとあり、より厳しく包括的な規定（学資の全額短期償還）とペアになっているからである。これら罰則の段階化、煩瑣化、公表された規則の表面からの消失の経違、意味については、さらに広く詳細な思想史的検討が必要と思われる(36)。

3　「教育令」における体罰禁止登場の背景

問題の所在

わが国では、早くも明治一二（一八七九）年の教育令第四十六条に「凡そ学校に於ては、生徒に体罰殴るあるいは縛するの類を加うべからず」と、体罰禁止が法制上明文化された。このような早い時期にすんなりと法制化された原因は何だったのかということについて、教育史研究者にはさまざまな推論がなされている。しかし、伝統思想や過去の実態との関連でなされた研究を、筆者は知らない。本書は、この点で有力な仮説を提示しうるのではないかと思っている。

　これまでの研究は、文明開化期特有の外来思想の受容のしかたや当時の不均衡な国際的力関係から推論するもので、そのうち最新の成果は、イギリス教育史の研究者・寺崎昭弘氏による一連の論稿であろう。J・ロックの教育思想の研究者としての氏の主要な関心は、「体罰と（子どもへの）愛」が併存する西欧近代教育思想構造の淵源の解明であったようだ。しかし他方で、日本における西欧教育思想の受容のされ方、その原点としての教育令における体罰禁止規定の成立事情に迫り、倉沢剛氏の『教育令の研究』における示唆を手がかりとしつつ先行研究を整理し、新たな観点を提出している。

それは、教育令の規定は、「米国で最も早く学校体罰の禁止規定を設けたニュージャージー州の一八六七年の学校法をとり入れたものだと推定されるが、ニュージャージー州のこの規定は、水夫確保の目的から水夫の体罰を禁止したことの余波で、たまたま学校教育の場でも禁止したにすぎないものだった」という趣旨のものである。

氏の主張は、一六世紀の人文主義者エラスムスも、「アメリカ公教育の父」ホレース・マンも、体罰の条件付肯定論者であり、「体罰はすでに近代教育論によって、少なくとも論理上否定されてた」とするこれまでの「暗黙の了解」自体を否定しようとするところにある。体罰肯定を内包した近代教育思想の構造そのものを問い直すことが、まさに現代の課題であるとするのである(37)。筆者もこの課題意識を共有するが、当面ここで問題としたいのは、日本ではなぜ学校体罰の禁止が、近代教育思想の体罰的構造（後述参照）に反して、教育法規にすんなりと早期に定着したのか、ということである。学校体罰法禁の西欧最先進国であるフランスでさえ、教育令の規定より八年遅れている(38)。それは、わが国の伝統思想の中に国民のエートスとして、体罰を残酷とみる見方が定着しているとすれば、この課題設定はあっさりと氷解してしまうことになる。本書はこれまで、まさにそのことを明らかにしてきたつもりである(39)。しかし、ここではさらに、当時(明治初期)の海外教育思潮の体系的紹介誌『文部省雑誌』に、多数の体罰否定論が意図的あるいは無意図的に、選択・紹介されていた事実の一端を紹介し、筆者の立場・論旨を補強してみたい。なお、「教育令」の体罰禁止規定自体は、伊藤博文の上申によるものであると『明治以降教育制度発達史』(巻二、一五四ページ)に記されている。

『教育雑誌』の紹介動向

佐藤秀夫、尾花清両氏のコンビで一九八一年に全巻復刻された『明治前期文部省刊行誌集成』全一一巻は、わが国の近代教育制度成立史の初期情況を如実に再現してくれた。今後これをフルに活用した新研究が続々出現するのではなかろうか。(もちろん、すでに成果は出はじめている。)ここでは、この『集成』のうち、海外教育動向の紹介誌『文部省雑誌』(明治九年より『教育雑誌』と改称、以下両者を含めて『雑誌』と略称)を使う。洋学者を総動員して欧米先進諸国の教育思想、制度、実態を多面的に紹介しまくったとも思われる本書を読み進めてゆくと、明治人の進取のエネルギーと探究心に感動を覚えはじめるのは、私だけなのであろうか。

明治七(一八七四)年の『雑誌』第二一号には、「米国教育日誌より抄訳す」として、ジェー・

バルドウヰン『学校責罰論』が載せられている。ここでは、報復の意味で罰を行ってはならないとし、「責罰の条理」なるものを七項に分けて説いている。一例として第六、七項を紹介すると、

第六　責罰を施すには暴怒を以ってする事なかれ。倉卒（急なこと）なることなかれ。惨刻（むごい）に過ることなかれ。

第七　責罰を施すには、必ず慈心と温言とを以ってすべし。

とある。また、「責罰に正・不正あること」の項では「不正とは、罵詈《ばり》・恐嚇《きょうかく》・折檻・鞭撻など、すべて苛酷の罰を与え、あるいは生徒の面目に係る罰を与えて以ってその課業を為さしむるが如きを言う。責罰の不正なるやその害最も甚だし」[40]と論じている。

また、明治九年の六号には、「ケルネル氏ドイツ教育書抄」として、「欺詐《ぎさ》（だます行為）およびその誡諭法」が載っている。

この書では、子どもの嘘や言い逃れを「杖笞」でたたいて懲らしめるタイプの「教員の大患」は、子どもがそういう行動に走る理由や背景を知ろうとしない非教育的考え方によっていると論じ、誠心・誠意の説得による内面的改心を期待すべきだとしている[41]。

明治一〇年になると、体罰否定論文の翻訳が特に目立ってくる。また、在米留学生監督・目賀

田種太郎の報告「改良学校（少年院）に体罰を廃すべきこと」が載ったのもこの年である。在米とは言え、欧米人の論調を紹介するのが目的であるこの『雑誌』に、邦人の論文を載せるのは異例であり、しかもこれは他誌（『監督雑誌』）からの転載である。当時体罰否定を、これから創設すべき少年院にも貫徹すべしとする強い意向が、文部省当局者の間に存在したことを裏づける史料である。目賀田は次のように論じている。

米国の学校に近頃迄は往々体罰行われしなれども、大抵の都府には之を廃せり。体罰とは児童、学校へ罪犯あるときその掌を打ち、又は他の法にて其の身体に加うるの罰を言うなり。今なお改良学校には専ら行わるゝなり。然るに、この罰厳酷に過ぎて児童を懲戒するの功なく、却ってこれに猜忌・傲慢、教長に乖戻するの念を起すなり。故に之を廃するの説、現時盛んに行わる(42)(43)。

アメリカは広大で多様性をその本質としているから、目賀田の「大抵の都府には之を廃せり」という報告をそのまま信じてよいか疑問は多いが、それはともかく、ここでは日本人留学生監督目賀田が、このような理解のしかたをし、『雑誌』が特に これを掲載していること自体に注目したいのである。

明治一一年になると、家庭での親の体罰を否定する論文が、少なくとも二種紹介される(44)。また、この年には学校内事故における教師の責任問題に関するベルギーの裁判所などの判決とその理由が紹介されている(45)。今日でも、体罰事故による裁判例、判決の紹介に対しては教育関係者は事の重大さをもっとも直感的に把握するだろうが、この種の学校体罰事件の紹介記事は当時からそういう効果を持ったであろう。

以上が、明治一三年の教育令による学校体罰禁止規定の登場に至るまでの『雑誌』による体罰関連記事の「主調音」である。体罰をしてでもビシビシ鍛えるべきだ、という論調の記事はまったくと言ってよいほど見当らない。

ただし、興味深いのは、政治的教育政策的にも大転換してゆく明治一四年からは、これまでほとんど紹介されなかった趣旨の論文、すなわち罰の温和化や体罰否定思想のゆきすぎを憂える論調のものも出てくる。たとえば、『雑誌』一四〇号、仏人エル・マリオチー氏述「小学教師必携教育術講義鈔、修身教育」では、

古昔は学校に於て幼稚の生徒を鞭撻し、或は之に忍ぶべからざる体罰を加えしこと有り。而して此弊習は後世に伝わりて、わが行政官に於て古昔の学校罰則を以って生徒を管理する所の教員に退職を命ぜしことの如きも、また実に輓近の事なりき。誰か是《かく》の如き教師の管理

せる学校にして其法規整頓して校中常に混乱の事なかりしと思う者あらんや。

とし、さらに次のように結論づけている。

今や吾人は今世（マヽ）の教育を評するに左の語を以ってせざることを得ず、曰く、苟も人として剛毅なくんば、社会に人なしと言うも可なり。何となれば、今世の人は概ね皆この剛毅の心なきを以ってなり(46)。

以上の考察をまとめてみると、少なくとも維新期の指導層である中央政界の武士出身者には、体罰否定思想は抵抗なく受け入れられ、そういう海外の新思潮も多く紹介されたが、明治一四年頃からこの面でも軌道修正がみられるということである。

それでは、この後のわが国の罰・体罰史はどのように変貌するのか、最後に、欧米の体罰史を視野に入れつつ仮説的に素描してみたい。

4　欧米および日本の「これまで」と「今後」

欧米体罰史一斑

わが国の近世（江戸時代）教育史に比べると、「西欧の教育史は体罰史である」と言ってもよいほど体罰で色どられている。（ちなみに、中国近世においてもそうだった。）ギリシア、ローマ時代すなわち古典古代はもちろん[47]、中世、近世、近代を通じて、多少の比重の違いはあれ体罰は実行されてきた。

有名なアリエスの『〈子供〉の誕生――アンシャン・レジーム期の子供と家族生活――』[48]では、西欧社会の中で体罰廃止の先進国フランスの体罰史を、ほぼ次のように描いている。

フランスでは、一五世紀から一六世紀にかけて、罰則が罰金刑から体罰に置き換えられる傾向が強まった。そして、体罰は学校罰の中心となるが、それは当時の西欧学校特有の密告制度などの管理・監視システムと一体となった構造的意味を持っていた。一七世紀になると、懲罰熱は鎮まってくるが、当時最先端の学校システムであったイエズス会学校では、教師は直接手を下さないものの（規定で禁止されていた）軍隊的に組織化された学生集団中での上級生の懲罰係によって、依然として体罰は行われていた。一八世紀後半、すなわちフランス革命の直前の時期になると、ヤンセン派の「小さな学校」などが、あからさまな体罰や監視・密告などの諸システムを極力避けようとし、大きな思想的影響力を持つようになる。しかし、この直後、すなわちフランス大革命(一七八九年)期から、学校規則の軍隊化自体はいよいよ進み、一九世紀末まで続くことになる(49)。

以上が、体罰史という観点から筆者が読みとった内容である。こういう経過を辿ったフランスでも、むちの使用を認めない本格的な体罰禁止は一八八七(明治二〇)年の「小学校基準学校規則」からであり、日本の教育令の規定より八年遅いことになる。欧米でもっとも体罰禁止が浸透したと思われるこの国の小学校教師が、今日でもよく子どもの耳をひっぱる行為をすることは知られているし、家庭での体罰は必要悪と考えられ、そのために毎年一〇万本以上のむちが売られているという(50)。どんな「むち」なのか興味深いが、ともかく日本にはちょっと想像しにくい体罰的伝統の根強さを感じさせられる。

教育思想史上、時代をリードした第一級の人物とされ、多くは体罰否定論者とわが国で説かれてきた人々が、本質的な否定論者ではないことも、西洋教育史固有の性格を考える上で見逃せないことである。古代の「体罰否定論者」クインティリアヌス(51)、近代の「体罰否定論者」コメニウス(52)、ロック(53)、そしてルソーもペスタロッチ(54)も体罰完全否定論者ではなかったのである。一斉教授法の元祖の一人、ランカスターが体罰乱用論者とも言えることは、知られていること

上２図　19世紀はじめの，ベル・ランカスター法（助教法）で有名な集団教授法の創始者の一人，ランカスターの学校（上右図の壁にかけてあるのは各種の刑具）。

右図　15世紀イタリア語の書物にある体罰。

（いずれも Robert Alt, *Bilder-atlas zur Schul und Erziehungs Geschichte* より）

となのだろうか(55)。これら西洋の代表的教育思想家の思想構造の究明自体は本書の範囲ではない。ここでは、こういう体罰の常用と、前近代社会から徐々に浸透する体罰的構造の内面化とでも言うべき事態を究極まで突き進めてきた西欧社会の特質(56)とその進化過程に注目すべきであると言いたい。

別の面からアリエスと部分的に共通の関心を払っているのが、フーコーのように思われる。特に、その『狂気の歴史』『監獄の誕生』(57)は、本書の観点に示唆するものが多い。フーコーが問題にしているのは、体罰や処罰、監禁の個々の史実の進展状況ではなく、それらをある方向に向かって無限に突き詰めさせる西欧の精神世界に内在する傾向性そのものである。彼は、一八世紀後半から顕著になる身体刑の廃止、刑罰の穏和化という事態を、今までそれらについての関係書に繰り返し説かれてきたように、当時の「錦の御旗」であったヒューマニズムや人間的共感の問題としてではなく、より効率的に(「権力の経済策」と彼はしばしば言う)、より「がんじがらめ」に人間を統御し規律・訓練してゆこうとする、圧倒的に強大で多数からなる「権力」(一点集中的ではないフーコー独自の権力概念である)の隠微な網の目の問題として考えている。

フーコーが、この悪魔的に深くかつ緻密にできた「管理の構造」を内包する西欧世界の行く先に何をみているのか、それこそが問題である。フーコー自身も模索の中で死んだ。ともあれ、今日の「西欧化」日本において進行中の事態の本質を、体罰の問題も含めて指摘してくれていることとは確かである。フーコーのこれらの難解な書が、わが国で近年よく読まれるようになってきた理由もこの点にあるのであろう。

ここに至り、さらに一転して、わが国の戦後の体罰に関する問題状況を検討し、本書を括ることとしたい。

戦前日本の体罰否定のタテマエと実態の乖離

「教鞭(を執る)」ということばがいつ頃から使われたかは興味深いが、漢文の素読に用いる「字突」はあったが「教鞭」はおそらく幕末・維新期の新造語であろう。卑しい御者の意味をあらわす論語の語・「執鞭の士」(述而篇)というイメージが識者の観念からしだいに薄れつつあった時代になって、登場したのであろう。ともあれ、『大漢和辞典』にも、『日本国語大辞典』にも、近代以前の用例が載っていない。(ただしこのことは、「体罰」の語についても同様である。)

「いとおしき子を杖に教えよ」という諺は江戸時代からあり、そういう体罰の実態も少しはあったが、もし現代人が「教鞭」は体罰にも用いるものとイメージされていたとすれば、その本質とは隔たっている。たとえば、東京市学務課が明治九(一八七六)年に定めた『教師心得』では、「訓誨、懲治、拘留」の三種の「懲戒則」中に体罰規定はなく、「決して励言厳責すべからず」などと、教育令以前に体罰を好まない雰囲気を示している一例でもあるが、この中で、最末尾の第

十六条として、

「教鞭は掛図を示し、字画を指すの具なれば、生徒を指揮し、或いは警筆（いましめ笞打つ）すべからず」(58)とある。

戦前の小学校制度の基本型の確立後の明治四〇（一九〇七）年の『国民教育実務全書 統理篇』でも教鞭はあくまで教授用具としてのみ扱われ、次のように説明されている。

> 教鞭は高処又は比較的遠距離のものを指示するがため、長き者（凡そ四尺ばかり）一本を備え、常用の為め短き者（凡そ二尺ばかり）一本を備うべし。材料は藤又は竹にて製し、其の長き者には端に矢《や》筈《はず》を作り、軸物掲示用に兼用すべし(59)。

体罰常習の教師が、手近な教材・教具（チョーク、大三角定規、出欠簿など）を用いることは、戦前も戦後も変らない。しかし、教鞭は明治になってからはじまった新教授形態、すなわち、黒板や掛図を背にした教師が（机を前にし）椅子に腰かけた子どもに一斉に教えるという「一斉授業」方式に不可欠な、そのための用具であったのである。

他方、明治年代に、体罰を行う小学校教師はどの程度いたのかといえば、統計的にはもちろんわからない。しかし、『僊臺《せんだい》日日新聞』第三一八号（明治一一年、五月二五日）には、次のようにある。

小学校の先生と云うものは、子供を相手のお仕事だからお手柔らかに願わぬと堂《どう》もいけません。庁下の或る学校の教師どのは、嘗て戦地へも出張になった程の猛々しい男だから、生徒を扱う極めて酷にて、擲《たた》き付たり擲《は》り付たりするので生徒は勿論、親達までが、彼の学校へ永く出して置くと大切な子供を片輪にして仕舞うと言って居るそうだが、困った事ではあるまいか。斯んな教員は捨てて措《お》くと自然学事の衰えにもなるから、さっさと放印《ほうじるし》(解職)が一番いゝのサ(60)。

この時代、体罰のひどい教師がいたことと、それを親たちが心配している様子がわかり面白い。教師の任免権が実質的に町村にあった自由な時代の雰囲気も匂ってくる資料ではなかろうか。

戦前の著名な教育学者・吉田熊次が通った明治一四年頃の山形県の分教場におけるただ一人の士族出身教師、鹿島才助は、「自分が身を持するに厳格であっただけに、それだけ子供にも厳格で、いたずらをすると『このがき』といって頬をつねられた」が、「士族魂をもっていた立派な人として、村中で尊敬されていた」(61)という。体罰の乱用が、士族の身分意識からも生じることを感じさせる話である。時代が少し隔たるが、明治三〇年代の後半に京都の小学校に通った岡林益の体験談では、「男の先生なんかたたくことを平気だったようです」(62)とある。

こういう断片的資料では、仮説も立てえないと言われるかも知れないが、いわゆる産業革命後の「社会問題」の発生期である明治三七(一九〇四)年の日露戦争前後が、一つの節目と想定されよう。学校騒動もこの頃が特に盛んだったようだし(63)、製糸女工の虐待も、この頃がピークだったようだ。産業革命によって生じる矛盾の深刻さ、それが温床となって体罰的雰囲気が瀰《び》漫してくることは、「近代」社会形成期固有の問題であることは言うまでもない。

しかし、軍事と教育を二大支柱として、上からの近代化を強引に進めてきたプロシア(64)に見倣う路線を明確化した明治一〇年代の後半以後、体罰の乱用に決定的影響を与えたのは、帝国陸・海軍の教育(調教?)方法であったろう。「上官の命を承ること、実は直に朕が命を承る義なりと心得よ」とする『軍人勅諭』の下付は、明治一五(一八八二)年のことであり、『教育勅語』の制定より八年早い。

初代文部大臣森有礼(明治一八〜二二年)の思想と施策の性格については、教育(思想)史上議論が多い。ここで詳述する余裕はないが、彼の思想は、フーコーによって明らかにされた西欧諸国での監禁・規律・訓練の究極化(内面化)の流れの一九世紀的あり方と、思想的にきわめて近いところにいることはほぼ間違いなかろう(65)。ただし、森が強い国家的使命感を燃やして教育制度の基礎確立に邁進したこの時期は、強大な軍事力を背景としたむきだしの弱肉強食時代、すなわち「帝国主義時代」のまっただ中でもあった。そういう時代背景が森の規律・訓練の方法、過程に当時の軍隊教育の画一的、中央集権的色彩を強めさせ、被教育者に息づまる窮屈さを感じさせ、上下（先輩、後輩）関係を根幹としたうっぷんのはけ口として、私的制裁・体罰の場を用意することにもなったのであろう。この典型が、森がもっとも重視して軍隊モデルに改造した師範教育の寄宿舎生活の場であったことはすでによく知られている(66)。迫害（抑圧）された者が、より弱者を迫害（抑圧）し、殴られた者がより弱者を殴るという心理機制《メカニズム》は、よく知られている。しだいに蔓延する当時の教師による体罰の根源はここにあったのである。

「業ヲ習ヒ」
（『教育勅語双六』明治24年，部分図）

一般社会での体罰の瀰漫は、悪名高い軍隊内での内務制度の改訂がもっとも関係しよう。近代軍事史の大江志乃夫氏は「暴力を媒介とする服従の強制をめぐる軍隊内の対抗関係は、一九〇八（明治四一）年の『軍隊内務書』の抜本的改正を画期として変化した。改正以前においては、下級下士は兵卒同様に暴力によって支配される立場に位置づけられていたが、改正によって兵卒に対する暴力支配の末端機構に位置づけられた。内務班制度が創設され、下級下士が内務班長として兵卒に君臨するようになったからである」(67)と言っている。

特にこの時期以後、芸人や職人の徒弟奉公の世界で強固に生き残っていた体罰の慣行が、軍隊という機構を通して拡大再生産され、振り撒かれるという状況が生じた可能性も大きい。

時代はさらに飛ぶが、「太平洋戦争」期の国民学校や軍隊で体罰が横行したのは、さまざまな体験談、ルポ、戦争文学、研究によってすでによく知られている。体罰以前の問題として、占領地の朝鮮や中国での残虐行為のひどさも周知の通りである。そして、それらは明らかに戦前の国民教育と徴兵制下の軍隊教育の本質にかかわる問題であった。飯塚浩二『日本の軍隊――日本文化研究の手がかり――』では、抑圧された者の歪んだ意識が、植民地、占領地への残虐行為を生み出したことを指摘している(68)。これは、今日の校内暴力や体罰を考える際も忘れてはならない視点であることは言うまでもなかろう。

以上によれば、ちょうど『明治女性史』(全四巻)の著者、村上信彦氏が、日本の売笑制度が明治になってかえって盛んになったことを指摘している(69)ように、体罰は近代に至ってかえって盛んになったことが、十分推論できるのではなかろうか。

他方、初等教育での体罰禁止は、教育令以来、明治一八～二三年の第二次小学校令に至る間のわずかな時期姿を消す以外は、戦時下の「国民学校令」(昭和一六年)まで「ほぼ一貫して」禁止されてきた(70)。

「戦前日本の体罰否定のタテマエと実態の乖離」と本項を名づけたゆえんである。そして、実は「タテマエと実態の乖離」という構造そのものは、戦後においても何ら変更がないと考えざるをえないのである。次項はそのことを論じてみたい。

戦後日本の体罰問題と今後

戦後すぐ、新教育体制の要《かなめ》として「教育基本法」、「学校教育法」が定められた(ともに昭和二二年)。この中の「学校教育法」第十一条に、教師の懲戒権の承認および体罰の禁止が同時に規定されていることは、よく知られていることであろう。

第十一条　校長及び教員は、教育上必要があると認めるときは、監督庁の定めるところにより、学生、生徒及び児童に懲戒を加えることができる。ただし、体罰を加えることはできない。

ここに言う監督庁が定める懲戒とは、文部省令である「学校教育法施行規則」の第十三条にある。「児童等の心身の発達に応ずる等教育上必要な配慮をしなければならない」と懲戒の性格を規定していることを指しているが、ここでは「退学・停学及び訓告」以外には、具体的に懲戒の種類、方法を明示するに至っていない。

さて、今日の罰や体罰をめぐる問題点は、どこまでが教育上の指導や懲戒で、どこからが法的に禁じられている体罰なのか、ということであろう。これらについては、すでに牧柾名、今橋盛勝氏を中心としたグループ、坂本秀夫氏などの全国高等学校教育法研究会のグループなどが多くの論文や著書を刊行している(71)。それらの書によって、戦後の体罰史に関する部分を一部抽出させていただく。

まず、学校教育法の制定の二、三年後までに「体罰とは何か」についてかなりはっきりした公的見解が示されていることが注目される。これは、「戦後教師の体罰に関する非難が高まり、各地で教師と父母の間に意見の対立、紛争が生じたため、行政の見解を示さざるを得なく」なって、法務庁(府)から発表されたという。これらの見解では、「殴る蹴るはもちろん、肉体的苦痛を与えるような懲罰、たとえば、端座、直立など特定の姿勢を長時間にわたって保持させるならば、それも体罰とされる」などと、徹底した見解を示した。また、昭和二四(一九四九)年の「生徒に対する体罰禁止に関する教師の心得」では、「授業中怠けた、騒いだといって生徒を教室外に出すことは許されない。教室内に立たせることは体罰にならない限り懲戒権内として認めてよい」とした。教室内にどのくらいの時間立たせたら体罰になるかは、ここでは明示されていない。(なお、教室内外の相違で立たせることの意味を区別するのは、戦前からの発想でもある。授業を聴かせられるかどうか、が問題になっているのである。)

昭和三二(一九五七)年七日六日には、各都道府県教育委員会などへ文部省初等中等局長の通達「学校における暴力事件の根絶について」が出された。ここでも、

体罰は、法律により厳に禁止されているところである。教職員は児童生徒の指導にあたり、いかなる場合においても体罰を用いてはならない。

と繰り返されている。これらの見解や通達は、今日でも公式見解として生きている。この他、現在係争中の体罰関連裁判は数多く、それらの判決文の論理構成など詳細に検討すべきであろうが、ここでは省く。しかし最近実刑判決が出ている「死に至らしめた体罰事件」、たとえば、岐阜県岐陽高校二年生の「筑波万博」引率時の体罰によるショック死事件(昭和六一年、水戸地裁土浦支部、懲役三年)、川崎市立桜本小学校特殊学級二年生の頭骸狭窄症児の殴打死亡事件(昭和六二年、横浜地裁川崎支部、懲役三年)などは現代の教育体制がはらむ矛盾、困難さを実感させてくれはしないだろうか。岐陽高校の教師は、先輩教師から強く殴ることを教唆、強制されて行ったとい

う。

このようにみてくるだけでも、敗戦からほど遠からぬ時代に、理想主義の実現が可能であるかのように国民が期待した時代に出された規定や公的見解が、その後の教育現場の現実、実情に追いつけず、関係する行政や司法機関が彌《び》縫《ぼう》策、すなわち論理的な形をとったつじつま合わせに苦慮しているという事態が浮かび上がってくるのではなかろうか(72)。教師体罰を厳しく裁いたとすれば、多くの運動部のクラブ活動や授業さえも維持できないような事態が、一方では存在するのである。

ところで、よく考えてみると、こういう状況は何も体罰をめぐる問題のみに限ったことではないことに気づく。憲法と社会実態の乖離、教育基本法と教育現実の乖離などなど。現実と理想（タテマエ?・）との乖離に無感覚となり、別の面に擬似理想や「小さな幸福」を求めなければ今や生きていけないような社会になっている。今、「教育基本法」の前文（一部）や第一条を引用してみる。

われらは、個人の尊厳を重んじ、真理と平和を希求する人間の育成を期するとともに、普遍的にしてしかも個性ゆたかな文化の創造をめざす教育を普及徹底しなければならない。

第一条教育の目的　教育は人格の完成をめざし、平和的な国家及び社会の形成者として、真理と正義を愛し、個人の価値をたつとび、勤労と責任を重んじ、自主的精神に充ちた心身ともに健康な国民の育成を期して行わなければならない。

美しい理想が述べられているが、正反対の教育と社会の現実が深く静かに進行していることは、少し正気に立ち返れば、誰もが認めざるをえないことであろう。これらのことばをすべて裏返して、「教育は人格の完成を目指さず、平和的でない国家の形成者として……」とパロディ化して読み直してみるとすれば、かえって今日の日本の教育の現実の姿を描き出すことになりはしないだろうか。

冗談はさておき、われわれはどちらの方向に向かって歩けばよいのだろうか。知的な作業としては、近現代の隠れた構造を現出させた西欧近代の知的伝統をもう一度問い直し、洗い直し、位置づけ直すという作業も重要であろう。知的伝統の強靱な西欧では、すでにこの営みが深く広く進行しているように見受けられる。

フーコーはそういう作業に一生を捧げた。本書のテーマにもっともかかわるその著『監獄の誕生』の原題は「監視すること、処罰すること」である。この中でフーコーは言う。今日の社会を覆う権力の一つに規律訓練的な権力があり、それは、「一つの物として所有されるわけでもなく、一つの権利として譲渡されるわけでもなく、一つの機械仕掛として機能するのだ。しかも、その権力はピラミッド型の組織によって《頭《かしら》》に配置されるのは事実だが、実はその装置全体が《権力》を生み出して、この永続的で連続した領域のなかに個々人を配分している」(73)と。フーコーの文章は全体に硬質で難解だが、ここでは、権力の概念が、特定の個人や少数の集団が有するものではない個人に対する強制力としてとらえられている。そのことは、すでにふれたが、ここに注意すれば、この文章の意味はそんなに難しくなかろう。また、この権力は、永続的できわめて強靱である。強靱であるがゆえにこそ「少なくとも原則的には、過度の力や暴力に訴えずに営まれている」(74)のである。

今の社会に住む者のやり切れない想いは、おそらく、小学校の五、六年生からすでに芽生える。この頃から、こういう巨大な「権力」の中で、個人の無力さを思い知らされることに起因しよう。

しかし、立ち止ってさらによく考えてみると、そういう緻密な「権力」の構造にもあちこちに「金属疲労」のようなヒビが入りはじめているのではないか。そして、そのヒビが、種々の条件で集中して現出しているのが家庭を含めた教育現場ではないか。動物を愛護し、子どもを可愛がり、狭い国土の中でお互いに気を使い合い、極力ことを穏便に済まそうとするわが国の伝統にもかかわらず、学校というもっとも理想の実現に近いはずの場において、それとは逆の営みが日々行われ、深刻化してゆく。この中で耐えている子どもや青年には気の毒だが、この矛盾の中にこそわれわれは巨大な現代社会の「権力」の「金属疲労」を実感しうるのである。
今日の産業主義文明の構造の崩壊とその再構造化への「波」を予見できたとして、来るべき人間的社会をバラ色に描き出した『第三の波』の著者トフラーは、その崩壊のプロセスをあたかも自然史的過程であるかのように描いている。この説の当否はともかく、彼にしても、やはり教育の力に最後の拠り所を見出しているようである(75)。

昔から「教育は国家百年の計」と言われてきた。今日その具体的意味内容は大きく変ったが、「教育は百年の計」であることに誰も異議はなかろう。ただし、その方向は一部の「お偉方」が主観的に苦心しているような、カリキュラムや入試制度の改革への努力、すなわち「制度いじり」の背後にある発想とは異質の、大胆な別の発想が必要だろうと思えてならない。その発想は、フーコーのいう意味での「権力」の力を少しでも弱め、人々の多様な主体性を引き出す「戦略」であるべきだというのが、私の教育観の基底にある。

1 春秋社、一九五六年。
2 以上は、同右書、八の2「士族と官僚閥の形成」を参照。
3 同右書、三三四ページ。
4 ミネルヴァ書房、一九八四年。
5 同右書、二四四ページ参照。

6 風間書房、一九八五年。
7 同右書、第一篇、第三節一の㈠、新人材の教育経歴(二〇五～一五ページ)を参照。
8 同右書、一九九ページ。
9 『福翁百話』中の「今や封建の制度は廃したりと雖も、子どもの養育に付ては、家風を重んずること昔年の武士の如くにして、始めて品格を維持して誤ることなかるべし」などを参照。なお、相良亨『武士道』(塙書房、一九六八年)一六五ページ以下に、この点が詳しい。
10 唐沢富太郎『教師の歴史』創文社、一九五五年、二七ページ。
11 我妻洋ほか『しつけ』弘文堂、一九七四年、一四五ページ参照。
12 大日本連合青年団編『若者制度の研究――若者条目を通じて見たる若者制度』「若者組の制裁」参照。
13 前掲竹内利美「村の制裁」一、二、参照。
14 加藤祐三『黒船前後の世界』岩波書店、一九八五年参照。
15 前坊洋「福沢諭吉 演戯する個性」(本郷隆盛ほか『近代日本の思想(1)』有斐閣新書、一九七九年)二〇一ページなど参照。
16 岩波文庫版、一八四～五ページ。なお、「競争」の語は、福沢以前にも使用例がある。
17 海後宗臣『明治初年の教育』評論社、一九七三年、六二、六八ページなど参照。
18 佐藤秀夫「明治期における小学校観の成立――小学校における課程編成の形成過程を中心として――」(野間教育研究所紀要、第二七集、一九七二年)一三六～七ページによる。なお、天野郁夫『試験の社会史　近代日本の試験・教育・社会』東京大学出版会、一九八三年も参照。
19 同右論文、一三六～七ページ参照。
20 同右論文、一四一ページ参照。江戸時代では「臣」と「民」は、実質的に別の種類の人間であった。なお、拙著『「勉強」時代の幕あけ』所収、「勉強と賞罰論の時代」で、競争意識を「武士教育への起爆剤」とする考え方が、すでに一八世紀の儒者に一般的になっていたことを論じた。

21 海後宗臣監修『日本近代教育史事典』平凡社、一九七一年、四〇二ページ参照。

22 以上、青森県の訓育関係資料は、前野喜代治『明治期の初等教育の研究』成文堂、一九六六年、第十章付録「生徒訓育に関する資料」による。

23 佐藤秀夫編『明治前期文部省刊行誌集成』歴史文献、一九八一年、（以下『集成』と略す。）第六巻、六九〜七一ページ。

24 同右書、二五九ページ。

25 香川達夫「起訴猶予・執行猶予・仮釈放」（荘子邦雄ほか『刑罰の理論と現実』岩波書店、一九七二年）を参照。

26 佐藤秀夫「『文部省日誌』解題」『集成』解題、目次、索引一覧、二六ページ。

27 同右『集成』第二巻、五四六ページ。

28 同右『集成』第三巻、二二〜三ページ参照。

29 同右『集成』第三巻、三九八ページ参照。

30 佐藤秀夫「学校紛擾史の概観」（国立教育研究所内校内暴力問題研究会『学校紛擾の史的考察』一九八四年）一七ページ。

31 前掲『集成』第三巻、四一〇ページ参照。

32 前掲『集成』第四巻、六三ページ。

33 前掲『集成』第五巻、一四一ページ。

34 前掲『集成』第三巻、二二〜三ページ。

35　前掲『集成』第四巻、四七一ページ。
36　この点について、松野修「明治前期における児童管理の変遷——小学校生徒心得書、小学作法書、学校管理書を手がかりに——」(『教育学研究』五三巻四号、一九八六年一二月) は、資料が豊富で参考になる。
37　実見した氏の論文は「イギリスにおける懲戒・体罰法制の歴史」(星野安三郎 ほか編著『体罰と子どもの人権』一九八四年)、「体罰否定の 教育史的意義——英米からの 素描——」(雑誌『教育』四六一号、一九八五年一二月)、「体罰否定の教育史的意義——課題設定の 試 み——(上)」(お茶の水女子大学『人文科学紀要』第三九巻、一九八六年)、「体罰の歴史と思想——J・ロックの教育思想を中心に——」(小林登ほか『新しい子ども学』2、海鳴社、一九八六年)。
38　本書、二四七ページ参照。
39　鎌田芳朗『海軍兵学校物語』(原書房、一九七九年) に、明治六年に英国海軍少佐ドークラスを招聘し「新兵学寮規則」を制定した際、佐賀藩士出身の校長中牟田倉之助は、英海軍式の鉄拳制裁を「武士の伝統と作法を説き頑としてうけつけなかったそうである」(三六ページ) とある。武士の モラルがわかり 興味深い話である。
40　以上、『集成』第六巻、一四八〜五〇ページ参照。
41　『集成』第七巻、四七〜五〇ページ参照。
42　『集成』第七巻、四〇五〜六ページ参照。
43　たとえば、この年のマリバフカルバンチェー女著『賞罰論』「仏国教師必携抄」(『雑誌』五一号、『集成』第七巻、四九四〜六ページ) なども、体罰否定・罰の温和化を説いたものである。
44　ただし一つは、壮健な兵士を確保するという観点からのドイツの論文である。『看護なき児童教育の説』「ドイツ教育新誌抄」(『雑誌』第七五号、『集成』第八巻)、三三〇〜二ページ参照。

45 『雑誌』一一三号、『集成』第八巻、六六七～九ページなど。
46 『集成』第九巻、三〇八～九ページ。
47 マルー『古代教育文化史』横尾壮英ほか訳、岩波書店、一九八五年、一九四～五ページ参照。
48 杉山光信ほか訳、みすず書房、一九八〇年。
49 主として、同右書第二部、第五章「規律の進化」二二七～五三ページによる。
50 以上は、沖原豊『体罰』第一法規、一九八〇年、一四四～六、および七二ページ参照。
51 和田修二「体罰」(天野正治ほか編『現代教育問題史』明玄書房、一九七九年)一七四ページ参照。
52 コメニウス『大教授学』2 鈴木秀勇訳、明治図書、九一～二ページ参照。またローベルト・アルト『コメニウスの教育学』江藤恭二訳、明治図書、一九五九年、一〇五ページ参照。
53 前掲、寺崎弘昭論文を参照。
54 ルソー、ペスタロッチについては、前掲和田論文、一八〇～三ページ参照。
55 **Robert Alt, *Bilderatlas zur Schul und Erziehungs Geschichte***(ロベルト・アルト『学校史及び教育史のための図譜』ベルリン国営出版所、一九六六年)巻2、二七九ページ参照。なおこの書の体罰関係部分を父・江森巳之助が翻訳してくれた。記して感謝しておきたい。なお、二四七ページのさし絵参照。
56 宮沢康人「近代的子ども観の『発明』」(前掲『新しい子ども学』第三巻)参照。L・A・ポロクのきわめて実証的な書『忘れられた子どもたち――1500-1900年の親子関係』(中地克子訳、勁草書房、一九八八年)によれば、一五〇〇～一九〇〇年にかけての西欧社会では「大部分の子どもが残忍な仕うちなど受けていなかった」(三七一ページ)という。従来の通説を大きく軌道修正する意図のものだが、そこに引用されている例は、日本の近世に比べ、なお残酷と思われるような事例が多いように思われる。
57 いずれも田村俶《はじめ》訳で新潮社から。前者は一九七五年、後者は一九七七年発行。

58 東京都立教育研究所編『東京教育史資料大系』第三巻、一九七二年、五二ページ。
59 日本教育社編輯局纂、日本教育社（第四編、第三章、学校内行政、三、教員用教授用具）三三ページ。
60 仙台市在住の地域教科書研究者、渡辺慎也氏から資料の提供を得た。
61 前掲、唐沢『教師の歴史』二五ページ。
62 藤本浩之輔『聞き書き　明治の子ども　遊びと暮らし』本邦書籍、一九八六年、四一ページ。
63 寺崎昌男「明治学校史の一断面――学校紛擾をめぐって――」（『日本の教育史学』第一四集、一九七一年）二八ページ。前掲『学校紛擾の史的考察』二八ページなど参照。
64 田中昭徳『プロイセン民衆教育政策史序説』風間書房、一九六九年、はしがき参照。
65 前掲、フーコー『監獄の誕生――監視と処罰――』特に第三部、第二章、「良き訓育の手段」参照。
66 前掲、唐沢富太郎『教師の歴史』Ⅲ　師範タイプの形成。太田卓「わが国の近代軍隊の創成と学校教育」（飯田晁三先生古稀記念論文集刊行委員会編『教育の探求』めいせい出版、一九七六年）一四三〜六ページなど参照。
67 大江志乃夫『徴兵制』岩波新書、一一〇ページ。
68 評論社、復初文庫版、一九六八年。特に一六八〜九ページなど参照。
69 村上信彦『明治女性史』下巻、理論社、一九七三年、一四ページ以下参照。
70 佐藤秀夫「明治期における小学校観の成立」（第二七集『学校観の史的研究』、野間教育研究所紀要）一四八ページ。
71 牧柾名ほか『教師の懲戒と体罰』総合労働研究所、一九八二年。星野安三郎ほか『体罰と子どもの人権』エイデル研究所、一九八四年。坂本秀夫『生徒懲戒の研究』学陽書房、一九八二年。同『教師にとって法とは何か』エイデル研究所、一九八四年など。

72　教師の体罰のみをみてきたが、親の「親権」の一部としての監護教育権（民法八二〇条）のうちには「必要な範囲内」での親の体罰が含まれ、今日でも適法とされている。牧柾名ほか、前掲書、二五八〜九ページ参照。なお、昨年の新聞報道によれば、六二年度に「児童、生徒に対する暴力行為」で処分を受けた小、中、高の公立学校教師数は三一一名で前年度の一六七名より大幅に増えている。しかも、これらはかなりひどい事例のみであろう。

73、74　ともに前掲同書、一八一ページ。

75　トフラー『第三の波』徳岡孝夫監訳、中公文庫版、一九八二年、五八二ページ参照。

付記1　本書二三八〜二四四頁の内容は、竹中暉雄氏『囲われた学校―1900年』（勁草書房　一九九四年）八八〜一〇四頁で数点にわたり詳細で厳しい批判を受けた。私としては、詳細な再検討を怠ったままでいるが、すべて竹中氏の指摘が正しいと思われる。しかし、改稿も難題なので、叙述は従来のままとした。この点、関心の深い方は同書の該当ページを参照願いたい。

付記2　本章二五八〜九頁引用の教育基本法の前文及び第一条は、二〇〇六年の改正以前のものである。

あとがき

小学校入学の時から胸の病で一年遅れて学校生活を出発した私は、時々は尊敬すべき先生たちに出会い、保護され影響されながらも、普通の子どもよりも早く、学校というものが人間を集団として扱う場であるということの問題性を自覚していたように思われる。体罰を蒙った経験について言えば、ただ一度中学一年の時にふだんは気まじめであった理科の某先生に、理科教室の掃除をサボったとして他の五、六人と一緒に並ばされて「ビンタ」を一回ずつ受けただけであるが、はじめてのことであり、先生の誤解でもあったので、しばらくは衝撃的ではあったものの、その誤解を恨んでも先生が気の毒、と考えるようなマセたところのある子どもになっていた。しかし、凡庸な私は、こういう学校教育の難しさについて考えを深めることが、かなり最近までできないでいた。ロック、ルソー、ペスタロッチというような「近代教育思想の旗手」とも言われる人々が、皆学校の集団教育に批判的であったという知識を持ったのは教育学部へ進学して間もないことであったはずだが、このことの重大さを実感しはじめたのは、そんなに昔のことではない。

ある本を読んでいたら、自分の子どもを中学校へ行かせない場合、七千円だかの罰金がくると書いてあった。この話を講義で紹介したら、「月にですか、年にですか」と質問され、調べていないので答えられなかった。(今も答えられない。)月にだろうと、年にだろうと、そのくらいの罰金で済むのならできれば自分の子を(公立)中学校に入れたくない、と思う親も今日では多いのではなかろうか。ただし、いろいろな要因から、断行する人はほとんどいないこともわかり切っている。もちろん、ここで言っているのは、テレビドラマ「おしん」の時代の貧しいがゆえに、子どもの労働力をも期待する親のことではない。

先年西独へ行った折、西独では各州の教育方針はマチマチだが、小学校の通学区制はないということを知り、「なるほど」と思った。このことは、「臨教審」の初期に議論されたが、日本では実現されえないことも大体想像できた。宗派対立・抗争が教育史の主軸であったとも言える西欧では、宗派の思想とは違う教育を行う学校へ通学を強いるとすればルターの時代へ逆戻りで、そんなはずはないのである。日本人は、決められた地域の特定の小・中学校に通うことになぜこんなに従順なのだろうか。それは日本の文化・社会構造の特質を反映しているのだが、最近は以上のようなことをよく考える。なぜ考えるのかと言うと、こういうことで裁判闘争でも企てれば「タテマエ」だけは世界に冠たるほど理想主義的で民主的な日本の法体制下であってみれば、教育と社会の根本的改革にひょっとして思わぬ寄与ができるのではないかと思ったりするからである。少なくとも為政者の周辺で政治ゲームのように企てられ、実施され、結果は裏目、裏目に出てくる「教育改革」よりは実効がありそうである。

ともあれ、私は文献研究の道を選び、今後もそれを続けてゆくが、一方では以上のような「過激な」問題関心を持つ者である。こういう関心が本文の叙述に無理なく融合できているとすれば、こんなに嬉しいことはない。

叙述対象を広くとったため、不十分な部分も多いものではあるが、この書がなるまでには、少なからぬ先輩・友人の助言・激励をいただいてきた。本文中で一部ふれたほかいちいちお名前を挙げることはしないが、教育史学会の諸先輩・同学には特にお礼を申しあげたい。また、本書の出版を現実のものにしてくれた新曜社とその編集部、伊藤晶宣氏と小林秀子さんにも感謝しなければならない。汚い原稿となってしまい、編集者およびお会いしたこともない印刷所の方々に大変申し訳なく思う。

三〇歳を目前にして、研究者への道へ入り直すことを許容し、条件を満たしてくれた両親には、今も親不孝が多いものの、やはり最大の謝意を表しておきたい。

一九八九年五月

江森一郎

新装版あとがき

昨年（二〇一二年）、十二月末に大阪市立桜宮高校バスケットボール部生徒の体罰が原因とみられる自殺事件がおこり、そのことが今年一月八日以来、橋下徹大阪市長の発言とともにマスコミに大々的に連日報じられた。その後柔道女子オリンピック強化選手の匿名による体罰抗議問題も報道され、これらが直接の発端となって、体罰問題への一般の関心がにわかに高まった。ともかく体罰への国民の関心は急激に膨張したようだ。

私の知る限りでは、毎日新聞が、一月九日に本書『体罰の社会史』を根拠に、「脱体罰の超先進国民たる先祖に知恵を借りたい21世紀の日本人だ」などと論じた。親しい友人の一人が、いち早くこの毎日新聞の記事の件をメールで知らせてくれた。この頃から本書への一般の関心が少しずつ高まってきたように思う。

本書の復刊の要請が新曜社からあったのは、一月十八日だった。あまり驚きもしなかったが、予期していたわけでもなかった。大阪市立桜宮高校の事件が連日マスコミを賑わすようになっても、その事が自分の旧著の復刊につながるとは、考えてもいなかった。この前後からマスコミの取材がぽつぽつ入った。しかし、多くは断片的な史実の確認、日本の体罰史の一面のみを確認する程度のもので、江戸時代の体罰史やその背景を本気で振り返りたいというものは、ほとんどなかった。しかし、時に長時間の取材に応じたものもあった。しばらく遠ざかっていたマスコミの表舞台に急に近づいた気がしてきた。

旧著は、奥付を確認すると、一九九〇年に初版第三刷を出し、その際に多少の修正を行ったが、まもなく絶版になった。本書の企画から編集を担当してくれた二人の編集者が次々に社を去ってしまった事情もあったようだ。その後、長らくネット上の古本市場では、常に定価に近い価格で売られていた気がする。時に新本を寄贈する場合が生じ、私自身が数回この書をネット上の中古本市場で購入した。中古本市場でこの書が値を上げはじめ、ついに購入不可になったのは、この二月に入ってからの事と思う。

ともあれ、自分の著書も刊行後ほぼ二十五年も経つ（私は最近満七〇歳となった）と、「半分は未だに自分のもの、しかし半分はそれ以外のもの」という感じになる。書物は、それ自身で独立した存在になると良く言われる。それはそれで良いのだが、久しぶりであったが旧著を読み進めてゆくと、やはり執筆当時の意識など肝腎な部分は、段々と、あるいは時に鮮烈に蘇ってくる。
したがって、自分の執筆時の意図だけは、確認しておきたい。

その中心は、「はしがき」でも言っているように「専門書の形をとらないが、専門的内容を盛り込み、他方一般の人にも読み物として読みやすい記述方法に心がける」という趣旨のものだった。この目標自体は、なかなか良かったと今の私も思う。

もちろん欠点もある。それは内容の正否というよりは、利用史料の制約からくる内容の深みや広がりの乏しさである。職人・商人の丁稚奉公の世界での体罰実態などもほとんど調べられていない。また、当時の私は、「お家流」で書かれた和本や漢籍そのものがあまり良く読めなかった。(漢籍の方は、今もあまり事情が変わらない) したがって、註をみれば分かるように、本書は、多くの江戸時代の依拠史料が、活字で組まれた個人全集や資料集である。活字の全集や資料集以外に膨大に残っている和本の原史料を、時間をかけて丹念に蒐集し分析すれば、ずっと詳細で実態にそくした記述ができるはずであった。類書が今もみあたらない今日、そういう仕事を今後の若い世代にぜひ期待したい。

ただし、本書の意義は、次の点で今も決して揺るがないと思う。それは、江戸時代には例外的思想家や教育者も存在しはしたが (これはいつの時代も同様)、大勢として体罰を是認、容認する社会ではなかったことを、広い角度から実証した事である。そして、それが何故かという本書の考察も大筋で正しいと思う。有名な思想家でも、従来この書以外にその体罰観にふれられる事がなかった人物も多いはずだ。無理に時代の流れを設定したかも知れないが、近世の体罰資料集として考えても意味は大きいだろう。（ただし、個別の思想家、著述者の研究は、現在では大きく進んでいる場合が多い。この点も考慮して読まれたい。）

新しい読者には、本書を読み進めるなかで江戸時代人が体罰否定の方向で考えたその理由を辿りつつ、現代の日本社会のありかたや現代の日本の学校の現状への反省に立ち戻ってほしい。

私のもう一つの著書『「勉強」時代の幕あけ』（平凡社、一九九〇年）は、この書の翌年に出版した。今は絶版だが、そこでの大きなテーマの一つは、江戸時代に始まった教育による競争（能力競争）と、それをめぐる社会変化の実態解明の試論であった。その課題の一端は、自分にとって今ようやくより具体的に解明できつつある。ここ五年間以上、私塾の運営にかかわった加賀藩下級武士の日記『起止録』の翻刻と解説という形でやってきている。

明治以前の指導法は、基本的に個別指導であり、勉学は、藩校や私塾においても寺子屋においても、学習中心の教育だった。江戸時代の教育を研究してきたものとして近代教育に対して思うのは、多少単純化していうが、教授（一斉授業）中心の近代の学校形態が、問題ではないかということである。特に義務教育では、一斉教授をなるべく減らし、教師は子どもの学習補助に力点を置くべきである。

本書の最後では、「人々の多様な主体性を引き出す戦略」に期待した。しかし、出版当時以来、その国家的戦略は、無数に立てられてきたが（失敗に終わった「ゆとり教育」戦略などをふくめ）、ほとんど有効ではなかった。今は「学習中心の教育体制の確立」に将来を託したい。

本書執筆の契機となった戸塚ヨットスクール事件とその報道のありかたについての反省が、一昨年格好の著書、東海テレビ取材班『戸塚ヨットスクールは、いま』（岩波書店、二〇一一年）として出版されたので、少し紹介しておきたい。

戸塚宏氏は、現在七二歳、名古屋地裁の一審判決（一九九二年七月）は、懲役三年、執行猶予三年、その後、検察側の控訴で一九九七年三月一審判決を破棄、懲役六年の実刑判決となった。（この間に五人の訓練生の親と和解し、総額一億一五〇〇万円の和解金を払った。）その後弁護側の最高裁への上告は、一九九六年棄却され、戸塚校長の六年の刑は確定した。この年三月に収監された。逮捕後三年あまり拘置所に勾留されていた期間を差し引かれ、刑務所への収監は、約四年間。「刑務所では、反省した様子を見せれば、刑期よりも早く仮出所ができたが、……判決が傷害致死ではなくて、過失致死だったら反省したはずや、でもそうではなかった。だから私は満期まで刑務所にいた」と述べている。

今回戸塚氏のその後の著書数冊を買い求め、読んでみたが、最近の著書では、昔のように「日本の歴史で体罰を否定したのは、この三〇年間だけ」というようなことは、言っていないようだ。戸塚氏は、過酷な条件の中で一人乗りヨットによる太平洋横断の最短世界記録を達成（四一日間）し、その体験からえた信念がある。長い収監期間に自らの信念を裏付ける学習にも力を入れ、さらに信念を強化したようだ。今もその体罰必要論に揺るぎがない。（ただし、今も続いている戸塚ヨットスクールでは、体罰は行っていない。）

なお、戸塚ヨットスクールを支援する会会長は、往年のベストセラー『スパルタ教育』（光文社、一九六〇年初版）の著者、石原慎太郎氏である。私は、この機会に通読したが、文学として痛快であり、石原氏の信念はよく分かるが、「相手になぐられて、なぐりかえせないような子どもが、その人生のなかでできることは知れている」（「暴力の尊厳を教えよ」の項）とは、あまりに単純、古代ハムラビ法典の「目には目を、歯に歯を」の域を出ないのではないかと思う。

ところで、戸塚氏も顧問をつとめる体罰の会会長加瀬英明氏（慶応大学出身）は、「慶応の創始者福沢諭吉は、慶応の幼稚舎作った。幼稚舎のモットーは人心よりも獣心を育てよというもの。……子供は動物に近い、と言ったのは、福沢諭吉。理知的な体罰を加えることは認められなければならない」（「教育における体罰を考えるシンポジウム」二〇〇九年六月二十六日）と発言したと記録されている。これは現役の体罰の会会長の言葉であるだけに無視できない。福沢自身は、「養育の法、厳酷ならずして常に親愛を主とし、生来何らの事情あるも苟且《かりそめ》にも打擲《ちょうちゃく》したることなし……稀に暗室に入るるの罰あるのみ」(「福沢諭吉子孫の伝」)と言っている。これは、福沢は下級武士とはいえ、江戸時代武士のエートスを引き継いでいる何よりの証拠であると私は思う。慶応関係者などの史実の精査を期待したい。

今日、体育系学科やオリンピック・スポーツ選手の強化グループ等で体罰事件が表面化したのは、それなりの時代背景があるように思う。この書が江戸時代の「文武両道」(武家諸法度)や武士道論の入門書としても役立てばうれしい。

本書第三章「近・現代史と罰・体罰」は、執筆当時は一種の附録のような気持ちで書いてしまった。近世の部分までの史料探査にかなり疲れ果てていたが、つい大胆に史料調査も不十分なまま図式的に書いてしまった。(実は、中国についても、欧米についてもそうである。)刊行直後から、恩師で近代日本教育史専門の故佐藤秀夫先生から首を捻られ、竹中暉雄氏から私の書いた「明治一四年代の変化」について詳細な批判を受けた。しかし、本書には復刊でもあるので、残す事とした。(二六七頁、付記1参照)

なお、今回の復刊までの時間的制約から本書の修正・増補は、最小限に止めた。御寛恕を請う次第である。

最後に大風呂敷な話を御許しいただきたい。すでに発生後二年以上たった人災、福島第一原発事故を、太平洋戦争の敗戦に次ぐ「第二の敗戦」と位置づける事がある。私はその歴史意識に共感する。この観点からすると、日本の「第二の敗戦」は、どこから始まり、どう展開したかという観点が重要となる。詳論する紙幅はないが、過疎地への原発誘致の促進のために、経済的利益誘導を唯一の手段として、結果的に大きな自然破壊と、多くの人々に郷土喪失や家族破壊をさえもたらした。

江戸時代は、対外侵略にも、利益誘導や利潤追求にも大きく抑制がかかった社会であり、人々は、地域社会、家の伝統や祖先との連帯感のなかで生きがいを追究した。さきにも述べたが、今の時点で本書を読み返すことは、現代社会のもう一つのありかたを探求する縁《よすが》となる事も期待したい。

昨年十一月震災後はじめて仙台を訪れ、それぞれ別の友人の案内で仙台の閖上、荒浜地域と陸前高田、気仙沼地区を訪れた。仙台に住み、この書を書いていた時期の仙台平野や三陸海岸沿岸地域の大変貌、すなわち、平地の低地化、一面の無人化、目立った大型ビルのむざんな廃屋化等に息を呑んだ思いが急に蘇ったのも、何かの縁かもしれない。

末尾になったが、新曜社編集部髙橋直樹氏に御礼申しあげる。氏の推挽がなければ、本書は復刊がならなかった。

二〇一三年三月十一日　東日本大震災二周年の日に

江森一郎

新装版4刷　追補

一九八九年に初版が出て、二〇一三年に新装版が出た本書が新装版4刷を迎える。この機会に、日本の体罰史関連で知りえた一資料を紹介しておきたい。『福島市史　近代資料　1』（昭和四七年）所収の「明治7年1月桜本小学校罰則規定」である。この資料は、明治七年一月旧岩代国信夫郡桜本村（福島県信夫郡六九か村の一、明治六年次調査で一一四戸、人口六二八人）の佐々木勝郎蔵のもので、全八条の罰則を絵解きしてある珍しいものである。この絵にもっとも近い本書所載の絵は、二一〇頁絵本『寺子短歌』からのものである。両者を比較すると机、線香（時間をはかる手段）、折手本、文庫など寺子（屋）の必需品ともいうべきものがほとんど同様に描かれていることが分かる。ここで罰の対象になっている行為は、大体私の世代くらいまでの子どもが叱られた行為であろう。

なお、この資料関連では、その後『福島の歴史』4（福島県教育委員会、一九七一年）図録『近代子どもの世界』（福島県立博物館、平成九年）に彩色された一部や、全体の下書きが紹介されるなどの事があったが、全体像の究明は地元でも進んでいないようである。

一一〔明治七年一月桜本小学校罰則規定〕

第一条
物品ヲ盗ムハ元ヨリ言ヲ待タス都テ教場ノ規則ハ勿論役員ノ命ヲ背ク者ハ罪ノ軽重ヲ以テ論ス　初犯ナレバ一時間　再犯ナレバ二時間図ノ如ク所断ス

（第一条）

第二条
教場或ハ戸外ニ於テ喧嘩口論打合ヒ等致スモノハ可否ヲ論セス　軽キハ一時間重キハ二時間図ノ如ク所断ス

（第二条）

第三条
内外ヲ人ニ対シ礼譲ヲ失ヒ或ハ駆ケ歩行キ又ハ机上ヲ踏跨リ端正ナラサルモノ初犯ナレバ線香半本ヲ持ツ再犯ナレハ一本ヲ持ツ図ノ如ク処断ス

（第三条）

第四条
午休ヲ除ノ外事ナキニ教場ヲ歩行キ人ノ処ニ至リ妨碍ヲナシ若シ河辺ニ出ルモノ　半時ノ間　再犯ナレハ一時ノ間図ノ如クニ処断ス

但双紙ヲ乾シ水滴ノ
用ハ仕丁代理ス　二
便ノ節ハ解縛又復坐
元ノ如シ

第五条

稗史ヲ閲シ徒ニ小刀或
ハ鋏刀等ヲ以テ細工ヲ
ナスモノハ初犯ナレハ
一時間図ノ如ク処断ス

第六条

途中ニ於テ観物或ハ寄
逐ノ為ニ時間ヲ移シ遅
滞スルモノ初犯ナレハ
灑掃シ再犯ナレハ二日
ノ間図ノ如ク処断ス

第七条

手本雙紙或ハ筆墨紙ニ
至ル迄疎略抛散スルモ
ノ　初犯ナレハ半時
再犯ナレハ一時図ノ如
ク所断ス

第八条

事ナキニ僚友ヲ呼集メ

（第四条）

（第五条）

（第七条）

或ハ人ノ処ニ至リ
談ヲ仕掛ケ或ハ笑
ヒ或ハ譟キモノ
初犯ナレハ半時
再犯ナレハ一時図
ノ如ク所断ス

（第六条）

（第八条）

右之通相定候事
七年一月

〔桜本　佐々木勝郎蔵〕

新装版出版以降日本の体罰史に関して私が雑誌等に書いたものもご紹介しておきたい。①「『体罰の社会史』の視点から」(『体育科教育』二〇一三・十一月号　大修館書店)、②「寺子屋に体罰はあったか」(国際善隣協会公開講演会記録『善隣』四一四号、http://www.kokusaizenrin.com/2000/kyoiku.pdf)、③「体罰の社会史　新装版出版など」(日本教育史研究会『日本教育史往来』二〇五号)、④「『体罰の社会史』の視点から　江戸時代の子ども観と体罰」(『授業力&学級経営力』二〇一四・四月号~九月号、https://www.meijitosho.co.jp/edudb/)など。

①は体育教師向け雑誌の体罰特集号、②は中国との国際親善団体の教育特集号、③は日本教育史研究者間の情報交換紙、④は現場の小、中学校教師対象雑誌など多様だが、それぞれの雑誌等購読者の関心に配慮して書いたつもりである。これらの内、特に④は月一回全六回の連載だったこともあり、下級武士の育児交換日記の性格を持つ「桑名日記、柏崎日記」を丹念に読み返し、子どもが嫌がる「お灸」や「入浴(行水)」の際に親の体罰的行為が結構あったことを紹介した。詳細は、上記URLで私の姓名を入力の上、参照していただきたい(特に8月号、ただし、一頁十円の課金があります)。現代日本の子どもの体罰をめぐる状況は、ますます混迷しているが、それはもう私の解釈力も及ばない感じがする。

二〇一九年九月五日

江森一郎

著者紹介

江森一郎（えもり・いちろう）

1943年　東京に生まれる
1967年　東京大学教育学部教育学科卒業
1967〜72年　長野県にて高校社会科教師（2校）
1978年2月　東京大学教育学研究科博士課程単位取得退学
1978年3月〜1991年　宮城教育大学講師、助教授
1991年4月〜2008年3月　金沢大学教育学部教授
（この間、1993年〜　同上社会環境科学研究科教授、同上教育学部附属高等学校校長、放送大学客員教授などを兼任）
2008年4月〜　金沢大学名誉教授
2009年4月〜2013年3月　金沢学院大学教授

主な編著書に、『「勉強」時代の幕あけ』（平凡社、1990年）、『江戸時代女性生活絵図大事典』（大空社、編著、全10巻別巻1巻、1994年）、『金沢大学50年史』（編集委員、分担執筆、1999年）、『金沢市史』（学芸編、近代編、専門委員、分担執筆）など。
最近は、加賀藩の下級武士の日記（『起止録』）の翻刻に力を入れている。

新曜社　**体罰の社会史**　新装版

初版第1刷発行　1989年6月20日
新装版第1刷発行　2013年4月26日
新装版第4刷発行　2019年11月15日

著　者　江森一郎
発行者　塩浦　暲
発行所　株式会社　新曜社
〒101-0051
東京都千代田区神田神保町3-9　幸保ビル
電話 03(3264)4973㈹・FAX 03(3239)2958
E-mail : info@shin-yo-sha.co.jp
URL : http://www.shin-yo-sha.co.jp/

印刷・製本　株式会社　栄　光

ISBN 978-4-7885-1335-8　C1021